A TEORIA DO ESTADO
DE DANTE ALIGHIERI

CONTRACORRENTE

HANS KELSEN

A TEORIA DO ESTADO DE DANTE ALIGHIERI

Tradução: Luiz Felipe Brandão Osório

SÃO PAULO
2021

Copyright © EDITORA CONTRACORRENTE
Copyright © by Hans Kelsen-Institut, Vienna, Austria
A tradução desta obra foi autorizada pelo
Hans Kelsen-Institut, Vienna, Austria

Alameda Itu, 852 | 1º andar |
CEP 01421 002
www.loja-editoracontracorrente.com.br
contato@editoracontracorrente.com.br

EDITORES
Camila Almeida Janela Valim
Gustavo Marinho de Carvalho
Rafael Valim

EQUIPE EDITORIAL
Coordenação de projeto: Juliana Daglio
Preparação de texto: Sergio Osorio
Revisão: Karine Ribeiro
Revisão técnica: João Machado
Diagramação: Pablo Madeira
Capa: Gustavo André

EQUIPE DE APOIO
Fabiana Celli
Carla Vasconcellos
Fernando Pereira
Lais do Vale
Valéria Pucci
Regina Gomes

Dados Internacionais de Catalogação na Publicação (CIP)
(Câmara Brasileira do Livro, SP, Brasil)

Kelsen, Hans, 1881-1973
    A teoria do estado de Dante Alighieri / Hans Kelsen ; tradução Luiz Felipe Brandão Osório . -- São Paulo : Editora Contracorrente, 2021.
    Título original: Die Staatslehre des Dante Alighieri
    ISBN 978-65-88470-83-1
    1. Direito 2. Filosofia I. Título.

21-77598   CDU-34:1

Índices para catálogo sistemático:
1. Direito e filosofia 34:1
Aline Graziele Benitez - Bibliotecária - CRB-1/3129

@editoracontracorrente
Editora Contracorrente
@ContraEditora

SUMÁRIO

INTRODUÇÃO 07

CAPÍTULO I – AS RELAÇÕES POLÍTICAS DO SÉCULO XIII 11

CAPÍTULO II – A PUBLICÍSTICA NO SÉCULO XIII 29

CAPÍTULO III – OS FUNDAMENTOS DA TEORIA DO ESTADO DE DANTE: A ORDEM FÍSICA E MORAL DO MUNDO 53

CAPÍTULO IV – JUSTIFICAÇÃO E ORIGEM DO ESTADO 67

CAPÍTULO V – A FINALIDADE DO ESTADO 77

CAPÍTULO VI – A FORMA DE ESTADO 93

CAPÍTULO VII – PRÍNCIPE E POVO 111

CAPÍTULO VIII – ESTADO E IGREJA 125

CAPÍTULO IX – O IMPÉRIO UNIVERSAL – O IDEAL DE ESTADO EM DANTE 151

CAPÍTULO X – AS FONTES DA TEORIA DO ESTADO DE DANTE: SUA INFLUÊNCIA NA PUBLICÍSTICA POSTERIOR 167

REFERÊNCIAS BIBLIOGRÁFICAS 183

INTRODUÇÃO

Escrever sobre Dante significa engrossar com mais um volume a vasta pilha de livros! Todas as nações civilizadas da Terra se esforçam para interpretar o trabalho do florentino em meio a uma bibliografia de seis séculos. Em função disso, um texto como este precisa de uma justificativa relevante.

Basta analisar a bibliografia alemã sobre Dante para perceber que foram, principalmente, os historiadores da literatura e os filólogos que se ocuparam do poeta. Também a História da Filosofia reservou com um cuidado especial o lugar de Dante ao longo dos desdobramentos da Idade Média. Agora, será estudado o que fez o homem de Estado Dante, o outrora prior de Florença, o "guelfo branco" que foi banido de sua cidade natal, que, para ele, foi tão determinante para que exercesse sua ocupação preferida e fatal: a política. Sempre se discutiu como ele se posicionou ante os grandes partidos de seu tempo e quais objetivos políticos ele mesmo perseguia. Em especial, a relação de Dante com o conflito cada vez mais tensionado em sua época entre o Imperador e o Papa, o que foi objeto de inúmeros debates. E mesmo hoje, onde o velho antagonismo entre o Imperador e o Papa continua no embate entre Estado e Igreja, não se pode menosprezar o fato de que as partes ainda reivindicam a influência da autoridade de seis séculos do grande gênio medieval.

Ainda assim, a Teoria Geral do Estado do poeta, fundamental para a compreensão aprofundada do pensamento político de Dante, do ponto de vista jurídico, ainda não foi sistematizada ou suficientemente analisada sob uma perspectiva crítica.

Preencher essa lacuna é a tarefa desta obra.

Portanto, a intenção deste trabalho é dual: por um lado, explicar a Teoria do Estado do poeta a partir de todo o contexto que envolvia sua grandiosa forma de ver o mundo e a vida; por outro, estabelecer o lugar de Dante na história da Teoria do Estado medieval. Esse esforço, ao lado de muitas novas e originais reflexões, trouxe à tona, na obra de Dante, uma dependência ainda mais extensa de seus antecessores medievais e antigos. Embora a Filosofia do Estado do florentino fique muito atrás de suas realizações poéticas, parece ser compreensível que, dentre os inúmeros publicistas que escreveram nos estertores do século XIII, somente o nome de Dante é realmente conhecido em círculos mais amplos. Isso porque, sem contar os escritos do poeta, como *De Monarchia* [*Über die Weltmonarchie*], dedicados aos principais problemas teóricos do Estado, que claramente superaram publicações semelhantes de seu tempo, a Teoria do Estado de Dante é a mais magnífica expressão da doutrina medieval e, ao mesmo tempo — ao menos em muitos pontos —, a sua superação. Por isso a teoria do Estado de Dante é tão interessante, porque nela o escolástico medieval e o homem renascentista moderno de Dante se digladiam entre si! E é isso também que nos faz compreender e desconsiderar algumas nebulosidades e inconsistências na doutrina do poeta.

Digressões histórico-literárias e biográficas, que estão intimamente relacionadas, não foram tratadas no presente trabalho por razões facilmente compreensíveis. Também os problemas da política foram discutidos somente quando imprescindíveis.

Ao Sr. Prof. Dr. Edmund Bernatzik, pelo seu generoso interesse e seu apoio efetivo que tem dispensado ao trabalho, expresso, nesta ocasião, os mais sinceros agradecimentos.

INTRODUÇÃO

Cabe também ao autor, em uma agradável tarefa, homenagear a amável benevolência que ele desfrutou da parte do Sr. Prof. Dr. Leo Strisower, do Prof. Karl von Ettmeyer e do copista Dr. Michael Burger.

HANS KELSEN

CAPÍTULO I

AS RELAÇÕES POLÍTICAS DO SÉCULO XIII

A situação mundial - A situação política na Itália - As relações políticas de Florença

A situação mundial

O século XIII, que produziu tantas personalidades significativas, deu origem também a Dante Alighieri, a quem Carlyle chamava de "a voz de dez séculos silenciosos",[1] e que, em sua *Divina Comédia*, entoou o "canto do cisne" da decadente Idade Média. Por seus trabalhos é possível aferir o pulso de seu tempo; eles são um retrato fiel de seu século. O tempo de Dante está sob o signo de dois poderes em constante conflito e de bases distintas. Ele foi politicamente atravessado pela ferrenha disputa entre Papado e Império. Esse conflito, mesmo após o fim do XIII, irá marcar, em linhas gerais, o século seguinte.

---

[1] Nota 1 no original: CARLYLE, Thomas. *On heroes and heroworship*. Reino Unido: Chapman & Hall, 1831, p. 73.

Henrique VI, como todo inabalável Hohenstaufen, que com seus planos de dominação mundial ameaçava esmagar o Papado, já havia morrido quando Inocêncio III subiu à cadeira de Pedro e com mãos firmes avançou sobre as rédeas da dominação mundial, as quais a Igreja, sob seus antecessores, vinha gradualmente largando. A fraqueza do Império o favoreceu, o qual ficou praticamente paralisado pela eleição dupla de 1198. O que se tinha então era os partidários dos Hohenstaufen, favoráveis a Filipe da Suábia, e aqueles que haviam escolhido como rei o representante da dinastia dos guelfos, Otto de Braunschweig. E esse também foi o momento em que a disputa entre os gibelinos e os guelfos confluiu ao grande embate entre Papado e Império e mistura suas próprias águas turvas com as poderosas ondas dessa contenda, o que resultou na irremediável confusão entre os interesses políticos e as relações políticas que caracteriza o século XIII. No início desse século, foram popularizadas na Itália as alcunhas de guelfos e gibelinos para designar respectivamente os favoráveis ao Papa e os favoráveis ao Império, sem que as definições cobrissem de maneira exaustiva todo caso individualizado. Então, o Papa Inocêncio apoiou inicialmente o guelfo Otto IV. Quando Otto fez, contudo, de suas bases os alicerces da política dos gibelinos — e ele tinha que fazer isso, se não quisesse se contentar simplesmente com a posição de um Imperador à sombra do Papa —, o meticuloso Papa, que mantinha até o momento na retaguarda Frederico, filho de Henrique IV, jogou-o contra Otto; o Papa atiçou o conflito dos gibelinos contra os guelfos.[2] Mal Frederico II, com a ajuda do Papa, derrotou seus adversários e chegou ao poder, ele já retoma imediatamente as tradições de sua casa dinástica e se torna um ferrenho opositor de seu outrora aliado. "Nenhum Papa pode ser gibelino", disse Frederico II quando o cardeal, aliado do Imperador, Sinibaldo Fieschi foi escolhido para ser o Papa Inocêncio IV. O mesmo valia para o outro lado.[3] Nenhum Imperador poderia ser simpático aos guelfos, mesmo ele fosse guelfo de origem. Sob Frederico II, a amargura

---

[2] Nota 1 no original: Cf. WEGELE, Franz Xaver von. *Dante Alighieri's Leben und Werke*. 3ª ed. Jena: Fischer und Mauke, 1879, p. 12.

[3] Nota 2: Cf. FEDERN, Karl. *Dante*. Wien: E. A. Seemann, 1899, p. 26.

CAPÍTULO I – AS RELAÇÕES POLÍTICAS DO SÉCULO XIII

e a crueldade com que esse duelo da história mundial foi conduzido atingiram seu ápice. Aquela foi a principal causa da constituição das personalidades que agora apareciam no campo de batalha, sobretudo o próprio Frederico II, um dos fenômenos mais interessantes da Idade Média! Ele nasceu de uma mãe italiana; em suas veias corria o sangue passional dessa raça. Do lado paterno ele herdou, junto com a Coroa Imperial, todos os fantásticos sonhos, todos os grandes projetos de nível mundial de sua família. Além disso, ele era muito bem-educado e com uma compreensão muito acima dos padrões de seu tempo. Era tido como pagão e desdenhoso da religião cristã, o que fez com que o embate entre Imperador e Papa escalasse para um conflito entre a fé e a descrença. Pelo lado eclesiástico também não faltou uma personalidade substantiva. Após a morte de Inocêncio III, foi escolhido o mais calmo e menos relevante Honório III (1216-1227), com o qual não se travou nenhuma controvérsia especial. Somente com seu sucessor que o Imperador encontrou um oponente à altura, o velho Gregório IX (1227-1241), que inaugurou as hostilidades com uma excomunhão por causa da cruzada prometida, mas não realizada. Ele foi sucedido por Inocêncio IV (1243-1254) que, de Lyon, renovou a excomunhão contra o Imperador, declarando-o deposto e convocando os príncipes alemães para uma nova eleição. Esse Papa conseguiu até seduzir o próprio filho do Imperador à apostasia. Até então, as empreitadas do Imperador eram acompanhadas de sucesso. Agora, o destino se modificou progressivamente. As lideranças militares de Frederico foram derrotadas, e em 1250 morria o Imperador. O Papado venceu. Todavia, foi uma vitória de Pirro. No combate fatal, no qual o Império sucumbiu, o Papado também sangrou fortemente. É verdade que em ambos os lados se tentou ressuscitar as ideias já enterradas de novamente buscar a dominação mundial, mas foi tudo em vão. Do lado papal, foi de Bonifácio VIII (1294-1303) a ideia aventureira de invocar o tempo de Gregório VII; somente a feroz resistência de Filipe, o Belo, da França, o ensinou como era infrutífera essa ideia. Ao breve período de prestígio externo sob Bonifácio VIII seguiu-se uma queda vertiginosa do poder e da grandeza papal: "a prisão babilônica" dos Papas em Avignon. Do lado gibelino, foi Henrique VII (1308-1313) – o luxemburguês, tão ardentemente admirado por Dante, a quem ele tão entusiasticamente celebrou – quem mais uma vez ousou tentar erguer novamente o antigo Império. Uma vez que a iniciativa fracassou e que o Imperador não atendeu às altas expectativas do poeta, a culpa não foi apenas da morte prematura de Henrique, mas, sim, principalmente, dos novos tempos, o momento do despertar da consciência nacional dos povos, que se opuseram à dominação mundial unificada e uniformizadora.

A situação política da Itália[4]

Existem três momentos fundamentais para caracterizar a situação política da Itália no século XIII: o poder germinante das cidades italianas, a extraordinária fragmentação em pequenos Estados e a emancipação da Itália em relação ao Imperador e ao Império.

Enquanto Papado e Império disputavam a dominação mundial, surgiu paulatinamente no norte da Itália uma terceira força que, apesar de ainda embrionária, estava predestinada a se impor a outras duas e a emprestar as suas próprias características nos próximos séculos à história italiana: as cidades. Beneficiadas pelas turbulências e pelas lutas dos séculos XI e XII, gradativamente foram cortando as regalias do bispado, obtendo êxito nas contendas contra a nobreza feudal, estabelecendo uma vida em sociedade organizada e adquirindo em função do comércio e da indústria uma grande qualidade de vida e, com isso, o poder político (Scartazzini). Graças a essas mudanças, elas ficaram bem-posicionadas em todas as vigorosas batalhas contra os imperadores da Casa de Hohenstaufen, o que também contribuiu como mais um

---

[4] Nota 1 no original: As considerações desenvolvidas neste trecho baseiam-se na apresentação das relações políticas da Itália feitas por SAVIGNY, Friedrich Carl von. "Die lombardischen Städte". In: *Geschichte des römischen Rechtes im Mittelalte.* vol. 3, Heidelberg: Mohr und Winter, 1822, pp. 90-120; WEGELE, Franz Xaver von. *Dante Alighieri's Leben und Werke.* 3ª ed. Jena: Fischer und Mauke, 1879, pp. 1-167; SCARTAZZINI, Giovanni Andrea. *Dante Alighieri, seine Zeit, sein Leben und sein Werke.* Biel: K. H. Steinheil, 1869, pp. 9-30; FEDERN, Karl. *Dante.* Wien: E. A. Seemann, 1899, pp. 14-36; KRAUS, Franz Xaver. *Dante, sein Leben, sein Werk, sein Verhältnis zur Kunst und zur Politik.* Berlin: G. Grote, 1897, pp. 40-54.

CAPÍTULO I – AS RELAÇÕES POLÍTICAS DO SÉCULO XIII

motivo para que esta amargasse um final inglório em meio à decadência dessa dinastia. No subestimar das cidades por meio do desconhecimento de sua grande missão cultural e de sua condição de precursoras de uma nova era, reside uma parte da culpa histórica dos gibelinos, sobretudo a de Frederico II. O princípio democrático gestado nas cidades galgou reconhecimento na Paz de Constança. A nova concepção de Direito do Estado, da qual advém esse princípio, encontrou sua expressão de fato quando a burguesia foi reconhecida junto com a nobreza e o clero como detentora do poder estatal (Scartazzini). Nem as normalmente apenas temporárias, porém, brilhantes, vitórias de Frederico II puderam conter o avanço da nova ideia; o futuro a ela pertencia.

Esse florescimento da potência das cidades caminhou de mãos dadas com o desenvolvimento de outro processo, que também alcançou seu ápice com a decadência dos gibelinos: a emancipação da Itália, do Imperador e do Império. Após a conquista da Sicília pelos Anjou, os últimos dos muitos laços que uniam a Itália ao Império Germânico foram na prática rompidos. O Império Romano tornou-se logo não mais do que apenas um nome, uma forma vazia, sem conteúdo. Por todas as partes havia triunfado o princípio guelfo contrário ao Império, que se tinha como um princípio nacional; Itália se desgarrou e pôde seguir agora seu próprio caminho.[5] A emancipação do poder imperial não teve, contudo, de início consequências benéficas. Principalmente para as cidades, que quase sem exceção sucumbiram ao domínio de pequenos tiranos, que em geral eram membros de famílias nobres, os quais se valiam das turbulências políticas tanto para usar abertamente da violência quanto para se apropriar do poder por meio de artimanhas demagógicas. Assim, após a morte de Frederico, todo o norte da Itália estava sob o domínio de dinastias beligerantes. A outra parte da península encontrava-se em uma grave fragmentação. Dois reinos no sul: Nápoles e Sicília; o Estado eclesiástico, inúmeros condados e ducados, ao lado de algumas repúblicas de caráter oligárquico, como Veneza, ou de viés democrático, como Florença. E toda essa massa de pequenos e diminutos

---

[5] Nota 1 no original: WEGELE, Franz Xaver von. *Dante Alighieri's Leben und Werke.* 3ª ed. Jena: Fischer und Mauke, 1879, p. 4.

Estados foi tomada por completo pelas mais ferrenhas disputas políticas. A velha e miserável máxima da política italiana continuava em plena vigência, a de sempre colocar os dois senhores um contra o outro para não servir a nenhum deles.[6] Em verdade, o grande antagonismo entre Império e Papado, que durante muito tempo sacudiu o país, já estava quase que completamente superado. No entanto, os partidos dos guelfos e dos gibelinos, que eram um produto desse embate, se mantiveram existindo como antes; somente se encontravam, agora, em um novo estágio de desenvolvimento. A disputa pela Igreja ou pelo Império findou-se por completo, deixando, agora, de pautar o programa entre os dois lados (Wegele). As velhas denominações partidárias relativas a guelfos e gibelinos moldaram-se para uma cobertura mais ampla, voltada para as mais variadas contraposições de interesses de natureza política ou privada. Seu guelfo! Seu gibelino! Ambos se tornaram gritos de guerra mesmo para as mais mesquinhas brigas de família. Considerando que tanto as pequenas contendas privadas quanto aquelas de cunho político se alinhavam, ao menos nominalmente, a dois grandes princípios em disputa, parecia até que a Itália poderia ser dividida entre dois grandes quartéis-generais. Em verdade, eram centenas e centenas dos mais díspares antagonismos que convulsionavam o país. Uma guerra civil que não queria terminar era a situação da Itália após a morte de Frederico, com grande similaridade com o que foi a Grécia após a saída de Alexandre para a Ásia.[7]

Todas essas penosas inquietações, esse triste turbilhão, são as convulsões espasmódicas do medievo moribundo; mas, ao mesmo tempo, são os sinais de nascimento de uma nova era (Scartazzini).

---

[6] Nota 1 no original: Cf. WEGELE, Franz Xaver von. *Dante Alighieri's Leben und Werke*. 3ª ed. Jena: Fischer und Mauke, 1879, p. 4.

[7] Nota 2 no original: Cf. WEGELE, Franz Xaver von. *Dante Alighieri's Leben und Werke*. 3ª ed. Jena: Fischer und Mauke, 1879, p. 16.

CAPÍTULO I – AS RELAÇÕES POLÍTICAS DO SÉCULO XIII

As relações políticas de Florença[8]

As relações políticas de Florença, "o primeiro Estado moderno do mundo",[9] foram de tal significado para a perspectiva política de Dante que ele mesmo se envolveu ativamente na vida política de sua terra natal.

Das cidades no norte da Itália, Florença, a capital da região da Toscana, foi a que adentrou mais tardiamente nos movimentos de seu tempo. No início do século XIII, a cidade poderia ser descrita pela prosperidade, por uma pujante indústria e uma população ativa no comércio. Como em todas as cidades, a vida pública aqui também era dominada pela contenda entre dois elementos antagônicos: a nobreza reacionária, que defende seu velho poder, e a burguesia, que foi sendo gradualmente empoderada pela prosperidade e com anseios de mudanças e influência política. Em seu seio, emerge outro crescente e cada vez mais forte antagonismo entre a nobreza endinheirada do empresariado que se tornou rico, o *popolo grasso,* e o povo das classes mais baixas, que, por sua vez, se divide entre os membros das pequenas corporações de ofícios, as guildas, e o proletariado, a *plebe minuta*. A estrutura social da burguesia corresponde a uma divisão militar em *milites* e *pedites,* cavaleiros e soldados rasos, sendo que os primeiros pertencem à nobreza de sangue e de dinheiro e os últimos à grande massa de pequenos proprietários. Na cúpula do Estado se encontravam, nos primórdios do século XIII, de doze a quinze cônsules ou um *podestà* que, desde 1207, por motivo de prudência política, é trazido de fora, do estrangeiro. Frente a esses órgãos executivos estão os corpos legislativos do Conselho e da Assembleia Popular. O grande Conselho, o *Consilium generale,* é composto por

---

[8] Nota 1 no original: Cf. DAVIDSOHN, Robert. *Geschichte von Florenz*. Berlin: Mittler, 1896; do mesmo autor, *Forschungen zur Geschichte von Florenz*. Berlin: Mittler, vol. 3, 1901; HARTWIG, Otto. "Ein Menschenalter florentinische Geschichte (1250-1292)". *In: Deutsche Zeitschrift für Geschichtswissenschaft*. Friburgo: Mohr, 1889-1890; LUNGO, Isidoro del. *Dante ne' tempi di Dante: ritratti e studi*. Bologna: Zanichelli, 1888; e os capítulos correspondentes em WEGELE, SCARTAZZINI, KRAUS e FEDERN.

[9] Nota 2 no original: BURCKHARDT, Jacob. *Die Cultur der Renaissance in Italien: ein Versuch*. Leipzig: Seemann, vol. 1, 7ª ed. 1899, p. 78.

cerca de cento e cinquenta membros e dele se forma ainda um conselho menor. A Assembleia Popular reúne-se regularmente quatro vezes ao ano, em dias que sejam domingos ou feriados. Desde o início do século XIII, também ocorre a divisão da população entre os dois grandes partidos guelfos e gibelinos; oriunda de razões privadas, essa clivagem tinha pouco a ver com os grandes embates que os nomes carreavam consigo. Tratava-se tão somente de dois partidos da nobreza que disputavam entre si o domínio da cidade, sendo que um buscava o apoio do Papa e o outro, do Imperador. Em relação a outras rivalidades, como entre nobreza e burguesia, essa dualidade partidária não tinha absolutamente nada a ver. A burguesia manteve-se inicialmente à margem dessa nova disputa. Ela somente cai em si quando conquista uma parcela significativa de influência na Constituição na segunda metade do século XIII. A mistura das duas oposições entre guelfos e gibelinos, de um lado, e nobreza e burguesia, de outro, deu à Constituição florentina uma peculiar e complexa configuração.

Até o governo de Frederico II, a dinastia guelfa tinha o governo de Florença nas mãos. Foi Frederico, contudo, que convenientemente queria tomar para si o controle dessa poderosa cidade; com o apoio de oitocentos soldados alemães, ajudou os gibelinos a obter êxito em expulsar os guelfos (1248). No entanto, como grande parcela da população, especialmente o empresariado mais influente, era partidária dos guelfos, não se ganhou muito com a mudança. Além disso, a agora dominante nobreza gibelina, que estava mais e mais apegada às tendências aristocráticas e conservadoras da moda, fazia cada vez menos ao interesse do povo, sugando a renda da população por meio de inúmero tributos para arcar com o orçamento da corte e com as forças militares do Imperador, sufocando mais do que nunca a capacidade material da população. Essas e outras circunstâncias semelhantes levaram à primeira revolução democrática (1250). A velha Constituição foi inicialmente preservada. O *podestà* manteve-se à frente do Estado; também o Conselho Comunal, no qual nobreza e burguesia possuíam uma representação paritária, foi poupado. Concomitantemente, o povo se organizava, deixando a nobreza à margem. No topo dessa nova configuração, que se constituía no Estado armado do *popolo*, o *capitano del popolo* aparecia

CAPÍTULO I – AS RELAÇÕES POLÍTICAS DO SÉCULO XIII

como o principal representante popular. Assim como o *podestà*, ele deveria ser um estrangeiro. O *popolo* mesmo se estruturava em vinte companhias, sendo que cada uma possuía seu próprio comandante e uma bandeira particular. Ao lado do *capitano* ficava um colégio consultivo de doze anciãos (*Anziani*), ao qual competiam funções legislativas e administrativas. O *podestà* detinha o poder judicial supremo. Junto com o *capitano del popolo*, ele também representava a cidade no exterior. O *capitano* também possuía competência tributária, pois sua função era principalmente fazer valer os interesses dos mais pobres na administração comunal em relação às pretensões da nobreza. Essas duas grandes organizações, a da velha municipalidade, de um lado, e a do *popolo*, de outro, não estavam, ainda, politicamente apartadas por completo. Assim, a Constituição florentina caracterizava-se como regente de uma espécie de Estado duplo, em cujo seio duas repúblicas ficavam frente a frente e em pé de igualdade.[10]

A posição dos gibelinos, que fora afetada pela revolução social, desmoronou inteiramente após a queda dos Hohenstaufen, que se seguiu aos acontecimentos revolucionários. Os guelfos exilados retornaram e conquistaram uma importante participação no governo junto com os gibelinos. A nobreza gibelina não conseguiu resistir à dupla oposição do povo e dos guelfos. Depois de muitos atritos e conflitos, a nobreza foi colocada para fora da cidade em 1258. Todavia, o partido gibelino não se conformou com seu destino. Apoiado por Manfred, ele atacou de maneira tão contundente o exército florentino em Montaperti (1260) que os derrotados guelfos não ousaram mais retornar à Florença. Assim, os gibelinos tomaram a cidade sem resistência, revogaram a Constituição e instalaram um governo opressor da nobreza. O Colégio dos Anciãos (*Anziani*) e a Comuna Popular desapareceram. O poder supremo foi atribuído a um conselho de trezentos, no qual a influência aristocrática era determinante. Ao lado dele, foi estabelecido um conselho consultivo de noventa membros, com uma comissão executiva de vinte e quatro – o *Credenza*. Ainda assim, os gibelinos não conseguiram se manter

---

[10] Nota 1 no original: KRAUS, Franz Xaver. *Dante, sein Leben, sein Werk, sein Verhältnis zur Kunst und zur Politik*. Berlin: G. Grote, 1897, p. 42.

por muito tempo em Florença. A morte de Manfred e a derrota em Benevento convulsionaram o domínio dos gibelinos no mais alto nível; a vergonhosa queda de Conradino foi o fim da linha para eles. No ano de 1267 o Papa Clemente IV nomeou para o tempo de vacância do trono imperial o rei Carlos, de Nápoles, como agente pacificador na Toscana. Antes mesmo do exército dele entrar em Florença, os gibelinos deixaram a cidade; desta vez para sempre. Os guelfos avançaram sobre o poder municipal. Eles transmitiram de início o domínio de Florença ao rei de Nápoles, que passou a reger a cidade por meio de vigários. Pelo lado dos vigários, havia um conselho municipal composto por doze membros, semelhante aos doze anciãos do *capitano del popolo* de 1250. Cada dois desses doze *buonuomini* era eleito por um sexto da cidade para um mandato de dois meses. O caráter dualista da Constituição foi mantido. A estrutura orgânica constitucional – *consigli opportuni* – se dividia no *consiglio del comune* e no *consiglio del popolo*, que se colocavam sempre em conflito. Os dois organismos eram compostos cada um por dois conselhos. O primeiro era integrado por nobreza e burguesia e se dividia no pequeno conselho, que era composto por noventa membros (*consiglio speciale*) e o grande conselho do *podestà* (*consiglio generale*), que tinha trezentos membros. O Conselho Popular, com o *capitano del popolo* no comando, era formado pelo conselho secreto da assim chamada *Credenza*, que reunia em si oitenta cidadãos, dentre os quais estavam os representantes das altas corporações de ofício, e pelo grande conselho do *capitano*, que contava com cento e noventa assentos. A nobreza estava excluída do Conselho Popular. Esse órgão tinha uma influência determinante na legislação e na administração, visto que todos os assuntos importantes de Estado deveriam ser primeiramente levados a ele. Toda vez que o grande Conselho do *capitano* aprovava uma proposta, ela era levada no mesmo dia para a *Credenza* e somente no dia seguinte seguia aos outros dois Conselhos da Comuna. Os membros do partido guelfo em meio à nobreza não eram completamente impotentes ante a forte influência que o povo exercia sobre a atual Constituição e que a embasava. Eles se fecharam em uma organização própria. Na cúpula, havia seis capitães, eleitos para um mandato de dois meses; ela tinha um conselho maior e um menor, um conselheiro jurídico e uma milícia armada. Um patrimônio considerável – em grande parte de bens

CAPÍTULO I – AS RELAÇÕES POLÍTICAS DO SÉCULO XIII

expropriados dos gibelinos – ficava à sua disposição e era administrado por funcionários específicos. Uma "irmandade contra os excomungados" (*societas confinatorum*), sob o comando de seis capitães, que teria a missão de limpar a cidade de gibelinos, atuando intimamente vinculada aos interesses do partido guelfo. Soma-se a isso que o sentimento do povo era totalmente antigibelino. Nem um posto no Estado nem para a condução de uma corporação de ofício os membros do odiado partido gibelino tinham permissão para ocupar. As fortes tendências guelfas nos círculos constitucionais florentinos daquele tempo se expressaram de maneira mais potente com a fusão completa do cargo de *capitano* do partido guelfo com a de principal representante popular [*capitano del popolo*], em 1278. Produto desse arranjo, esse equilíbrio das forças políticas e sociais não durou muito tempo. Com a divisão entre a Cúria e o rei Carlos, os dois aliados principais dos guelfos, surgiram também facções internas no partido. O rei Carlos renunciou ao seu Vicariato Imperial na Toscana; o Papa Nicolau III enviou à cidade como legado, para reprimir as desordens e os distúrbios em Florença, o cardeal Latino Frangipani. O cardeal deveria, na medida do possível, equacionar não apenas as novas fricções entre os guelfos, mas também a velha rivalidade deles com os gibelinos. Em 1279, foi selada uma "paz", que envolvia a convocação ao retorno dos gibelinos e a restituição dos bens que lhe foram confiscados.

Também foi empreendida uma reforma constitucional específica favorável ao povo; como garantidores da paz foram delegados o representante principal do povo, *capitano del popolo*, junto com um colegiado, recém-criado, composto de catorze homens. Para assegurar a manutenção da cidade sob o controle da Cúria, o *podestà* e o *capitano del popolo* para os próximos dois anos deveriam ser nomeados pelo Papa. A missão do cardeal não logrou o êxito esperado. Não conseguiu nem assegurar o controle da cidade pela Cúria nem pacificar o contexto interno. A disputa entre guelfos e gibelinos definitivamente não foi superada. Novas fricções apareceram no interior dos dois partidos da nobreza. O povo desconfiava de ambos e estava sempre disposto a livrar-se da incômoda tutela da nobreza. Assim, em junho de 1282, veio a segunda revolução democrática, que foi um levante sem derramamento de sangue e que restringiu a um mínimo possível a influência da nobreza.

O feito mais substancial desse *"secondo popolo"* (segunda Constituição popular), que colocava todo poder político nas mãos do povo, consistiu na criação do cargo dos priores. Esses entraram no lugar do colegiado de catorze homens, criado pelo representante papal, o cardeal Latino Frangipani, sendo eleitos pelo voto, oriundos das corporações de ofício. Havia vinte e uma corporações de ofício. Sete eram as superiores (1. juristas; 2. fabricantes de tecidos; 3. cambistas; 4. fabricantes de roupas; 5. médicos e farmacêuticos; 6. comerciantes de seda e 7. comerciantes de pelagens) e cinco eram as inferiores (1. comerciantes de panos; 2. açougueiros; 3. sapateiros e artesãos de meias; 4. carpinteiros e artesãos de pedra e 5. ferreiros e artesãos do ferro), bem como nove pequenas corporações de ofício (dos pequenos artesãos). Somente os membros das inicialmente sete e posteriormente doze corporações superiores tinham direitos políticos, razão pela qual, para que não fossem completamente excluídos, muitos nobres ricos se inscreviam nelas. A influência das corporações expressava-se principalmente na eleição dos priores, cujo total era de seis, um para cada sexta parte da cidade; seu mandato durava dois anos, e sua missão era: "vigiar o tesouro (administração do patrimônio comunal), dizer o direito a todo mundo e assumir a proteção dos mais fracos e menores diante dos mais fortes e maiores". A eleição dos priores ocorria em um colégio, no qual, junto com os priores mais destacados, os dirigentes das corporações de ofício também desempenhavam um papel importante. Ao lado dos priores, cuja atividade consistia essencialmente na preparação dos projetos de lei, continuavam ainda em vigência os dois cargos superiores, o *podestà* e o *capitano del popolo*. Mesmo os conselhos consultivos maiores e menores, os quais têm a função de assessorar os principais postos da cidade, não sofreram alterações substanciais.

Nem a aprovação da Constituição foi capaz de trazer uma paz duradoura e a ordem. A democratização da Constituição iniciada com tanto êxito pelo povo permitiu avanços progressivos. Em 1289, foi criado o "Conselho dos 100", uma comissão de finanças, cujo consentimento era necessário para que toda proposta que envolvesse assuntos financeiros

CAPÍTULO I – AS RELAÇÕES POLÍTICAS DO SÉCULO XIII

pudesse ser apresentada perante os colegiados de assessoria ordinária. Os membros desse novo conselho eram nomeados pelos priores dentre os cidadãos que pagam mais de 100 liras de tributo. O princípio moderno, que embasa esse órgão — de que aquele que suporta a maior carga tributária também deve ter o controle financeiro — significava uma flagrante ruptura com a doutrina estamental do Estado própria da Idade Média.[11]

Em 1290, o mandato do *podestà* foi reduzido de um ano para seis meses. Determinou-se ainda que entre dois prioratos de um mesmo candidato deve sobrestar um intervalo de três anos. O número das corporações de ofícios superiores foi aumentado para doze. A nobreza não poderia permanecer impassível ante o contínuo crescimento do poder do povo. Apoiada nos êxitos de muitas batalhas gloriosas, nas quais ela desempenhou um papel relevante, ela não poderia permitir um domínio que lhe privasse de todos os direitos políticos. Junto a isso se soma, em benefício da nobreza, a rivalidade, cada vez maior e sempre crescente, entre a burguesia dominante, o *popolo grasso*, que gradualmente ia incorporando para si os hábitos dos nobres, e o povo cada vez mais pobre e alijado do processo político. Quando, então, a nobreza, impulsionada pelas suas novas glórias militares e apostando nas divisões internas do povo, publicamente e violentamente, se declarou contra a ordem estabelecida, desencadeando-se uma nova revolução, na qual a Constituição pode ser expandida na direção de mais prerrogativas democráticas e ser novamente fortalecida. Gianno della Bella, um nobre de extraordinárias valências, que se colocou ao lado do povo, estava à frente do movimento que levou aos "ordenamentos da justiça" (*ordinamenta justitiae, ordini della giustizia*). Logo se chegou ao consenso de que somente poderiam ser nomeados para priores aqueles que não apenas estivessem inscritos em uma corporação – como era o caso de muitos nobres –, mas também exercessem de fato o ofício. Com isso, a nobreza foi completamente excluída do mais importante órgão da cidade. As corporações inferiores adquiriram direitos políticos, ainda que não exatamente na mesma medida que as superiores. O proletariado, formado pelos trabalhadores, ainda continuava

---

[11] Nota 1 no original: HARTWIG, Otto. "Florenz und Dante". In: *Deutsche Rundschau. LXXIII*, Berlin: Gebrüder Paetel, 1892.

completamente excluído quanto aos direitos políticos. Junto à exclusão do governo, uma série de medidas opressoras, *privilegia odiosa*, foram decretadas contra a nobreza. Assim, aos *grandi* ficou dificultada a aquisição de terras e propriedades e à mínima ofensa de um nobre a um cidadão o castigo era máximo; ampliaram significativamente as hipóteses de prisão de famílias abastadas por crimes de qualquer um de seus membros e o processo legal contra os nobres acusados foi tão flexibilizado, que para a condenação seria suficiente duas testemunhas e uma má fama pública. Aliás, aos nobres foi proibido frequentar determinados lugares sem uma permissão especial, sobretudo onde estivesse reunida uma corporação do Conselho Popular. Para a execução desses *ordinamenta justitiae* foi criado um novo cargo, "o de porta-bandeira da justiça", *gonfalonieri di giustizia*, a quem foi colocado à disposição o chamado "sargento de armas populares", com mil integrantes armados. Os ordenamentos de justiça, essa "*Carta Magna* do Estado livre florentino" (Bonaini), significavam um ultrajante rebaixamento da nobreza. De início, ela teve que suportar a nova ordem sem grande resistência. Assim que percebeu a humilhação, ela tentou reagir. Conseguiu, por meio de intrigas, mandar o odiado demagogo Giano della Bella ao exílio (1295) e mitigar a pesada exigência de ter que exercer de fato o ofício para um nobre poder tornar-se prior, fazendo com que bastasse a inscrição nominal em uma corporação para a candidatura. A revogação das leis contra a nobreza fracassou ante à posição contrária e firme do povo.

Como ocorrera na segunda revolução democrática, agora inúmeros membros de famílias de cavalheiros se inscreviam nas corporações superiores para, ao menos, poder assim participar ativamente da vida política da cidade. Dentre eles, encontrava-se também Dante, que era originário de uma família nobre guelfa.[12] Ele ingressou, como documentado originalmente, na corporação dos médicos e farmacêuticos; entre os anos de 1295-1297, Dante aparece por várias vezes como membro do Conselho dos 100.

---

12 Nota 1 no original: sobre a questão de que Dante pertencia à nobreza ver: KRAUS, Franz Xaver. *Dante, sein Leben, sein Werk, sein Verhältnis zur Kunst und zur Politik*. Berlin: G. Grote, 1897, pp. 23 e ss.

CAPÍTULO I – AS RELAÇÕES POLÍTICAS DO SÉCULO XIII

Ainda assim, o mecanismo extremamente complexo desta Constituição,[13] que se embasava na atuação direta do povo, no princípio representativo e na defesa de interesses e de classes, não foi capaz de criar um equilíbrio na vida pública de Florença, agitada pelos antagonismos sociais e políticos. Soma-se a isso o surgimento de um novo partido político, que como consequência levou a uma terrível guerra civil. Disputas privadas entre duas famílias da cidade vizinha de Pistoja, as quais se chamavam, por algum motivo, uma de "brancos" e a outra de "pretos", foram o pretexto. O próprio curso dos acontecimentos levou esse embate para Florença, onde de início somente envolveu a nobreza; mas gradualmente essa nova clivagem acabou contaminando o restante do povo de tal maneira que mais uma vez a cidade se encontrava dividida entre dois quartéis-generais inimigos: o dos pretos e o dos brancos. No fundo, eram as velhas rivalidades que agora se travestiram de outros nomes. De início, os novos partidos não tinham nada a ver com as facções da nobreza entre gibelinos e guelfos. Na cidade, se encontravam apenas alguns rastros de elementos gibelinos. Tanto os brancos quanto os pretos se definiam como guelfos e de fato o eram. A oposição cada vez mais ferrenha, em meio a qual o partido dos brancos se alinhava à Cúria, levou a facção mais e mais para longe das ideias fundamentais dos guelfos, aproximando-a dos gibelinos. Para o povo, as relações eram mais ou menos as seguintes: o partido popular dominante, ou seja, a burguesia dotada de direitos políticos, que não queria se submeter a um protetorado papal, estava ao lado dos brancos. A nobreza endinheirada juntou-se à nobreza intelectual das pessoas instruídas. A massa popular, ressentida com a prosperidade restrita à burguesia, se voltou à causa dos pretos, que buscavam o apoio da Igreja. Na cadeira de Pedro se sentava, então, Bonifácio VIII, que havia despertado novamente os sonhos já meio esquecidos da hegemonia mundial da Igreja. Florença, a cidade mais poderosa do norte da Itália, tinha que ser domada, ainda mais por ter sido o bastião mais importante do guelfismo papal. Por meio do apoio dos pretos contra a Constituição democrática e contra o partido popular anti-Cúria, o Papa acreditava

---

[13] Nota 2 no original: DAVIDSOHN, Robert. *Geschichte von Florenz*. Berlin: Mittler, 1896. p. 677.

que poderia alcançar seu objetivo. Ele interveio nas disputas da cidade enviando um encarregado a Florença em 1300 para mediar os conflitos entre as partes. Uma vez que a tentativa de conciliação não foi, com toda razão, tida como sincera, mas como uma maneira dissimulada de apoiar os pretos, a oferta foi declinada.

Naquele momento, Dante encontrava-se como um prior da cidade; ele pertencia aos brancos, enquanto um membro do partido popular dominante.

Apesar da recusa inicial, o Papa não desistiu da cidade. Em consenso com os florentinos pretos,[14] ele enviou à cidade como um "promotor da paz" o príncipe Carlos de Valois, que entrou em Florença com um séquito desarmado, mas logo deixou cair sua máscara de pacifista. Por meio de um grande banho de sangue, o partido dos brancos foi praticamente exterminado da cidade; suas casas foram incendiadas, seus bens, confiscados, seus líderes, exilados. Dentre eles também, Dante.

Se perguntam ainda qual posição Dante adotou perante as engrenagens políticas de sua terra natal, especialmente se ele era guelfo ou gibelino; para isso, no entanto, tem que se considerar de pronto as inúmeras variações e possibilidades que experimentou o significado dos nomes dos dois grandes partidos políticos da política cotidiana daquela época. Em todo caso, não se pode – como frequentemente acontece – identificar o conteúdo de ambas as definições em questão somente pela oposição entre Papado e Império. Pense apenas na veemente hostilidade entre os guelfos franceses e o Papado! Agora, no que tange a essa questão, os nomes dos partidos de guelfos e gibelinos somente podem ter um sentido em geral válido na medida que eles caracterizam as posições contrárias e favoráveis ao Império Romano.

No tocante à posição de Dante, há geralmente certo acordo em considerá-lo até o seu exílio como membro daquele partido florentino

---

[14] Nota 1 no original: Segundo uma versão historicamente não creditada, Dante teria ido à Roma com uma representação diplomática perante Bonifácio VIII para fazer naufragar as articulações dos pretos. Essa história, geralmente rechaçada nos dias atuais, é interessante por contrapor frente a frente dois homens que poderiam ser considerados como os mais brilhantes representantes dos dois grandes antagonistas da Idade Média: o Papado e o Império.

CAPÍTULO I – AS RELAÇÕES POLÍTICAS DO SÉCULO XIII

que se convencionou chamar de guelfo. Depois disso, ele se aproximou dos gibelinos, ainda que sem se filiar a nenhum partido concretamente.[15] Em verdade, ele se manteve distante de toda disputa partidária; de acordo com suas próprias belas palavras, ele fez "dele próprio seu partido". Seu ideal de imperador não resultava de uma determinada convicção partidária; mas, sim, era a expressão de uma convicção científica que via em um Estado mundial monárquico salvação para a humanidade.

Este é o contexto em que Dante desenvolveu suas grandes concepções sobre o Estado e sobre a humanidade: todo o mundo ocidental dividido nos dois campos antagônicos entre Papado e Império – e a Itália fragmentada em incontáveis Estados e partidos, em conflito entre si, na tentativa de aniquilar uns aos outros –, a pátria encharcada pelo sangue de uma triste guerra civil – e ele mesmo um exilado sem pátria, um incansável homem que aspira a mais nada, a não ser à paz! Paz para si, para sua cidade natal e para a Itália, para toda a humanidade! A paz é o anseio de sua vida, é o conceito central de seu sistema político! De uma maneira verdadeiramente poética, ele expressa todo esse sentimento nas belas palavras de encerramento do primeiro livro de seu *De Monarchia*:

> Ó, humanidade! Por quantas tormentas e perdas, por quantos naufrágios você precisa passar por ter se convertido em um monstro de várias cabeças e, assim, ter se livrado de suas vestes tradicionais! Sua razão está doente em ambos os seus sentidos, assim como em seu comportamento. Você não cura os mais altos[16] com razões irrefutáveis, nem os mais baixos pela observação da experiência. Tampouco escuta pela doçura da persuasão divina, quando as trombetas do Espírito Santo tocam para você: "veja o quão nobre e o quão amável é conviver junto com seus irmãos!"

---

[15] Nota 1 no original: Cf. KRAUS, Franz Xaver. *Dante, sein Leben, sein Werk, sein Verhältnis zur Kunst und zur Politik*. Berlin: Grote, 1897, pp. 696 e ss.; SCHIRMER, Wilhelm Cajetan. *Dante Alighieri's Stellung zu Kirche und Staat, Kaisertum und Papsttum: eine Studie*. Düsseldorf : Schrobsdorff'sche Buchhandlung, 1891, p. 14.

[16] Nota 1 no original: O entendimento superior é a razão especulativa, contemplativa; o inferior, a prática.

CAPÍTULO II
A PUBLICÍSTICA NO SÉCULO XIII

A Teoria do Estado na Idade Média: Cristianismo e Antiguidade – O século XIII –Vicente de Beauvais – Tomás de Aquino – Bartolomeu de Luca – A publicística polemista francesa: Egídio Romano – Tiago de Viterbo – A Quaestio in utramque partem – A Quaestio de postestate papae – João de Paris – Disputatio inter militem et clericum – Pedro Dubois – Os defensores alemães do império – Jordano de Osnabrück – Agostinho Triunfo – Engelberto de Admont

A Teoria do Estado na Idade Média encontra-se principalmente sob a influência de dois fatores: o Cristianismo e a Antiguidade. O terceiro fator de desenvolvimento da cultura medieval, o germanismo, quase não encontrou expressão na bibliografia da época.[17] O Estado realmente existente – marcado pela essência feudal – é ignorado completamente pela publicística, a qual adquire do início até o final do tempo histórico "essa coloração abstrata de um academicismo inútil, descolado da vida real, o qual caracteriza em geral a ciência na medievalidade". Cristianismo

---

17   Nota 2 no original: RIEZLER. Sigmund. *Die literarischen Widersacher der Päpste zur Zeit Ludwig des Baiers:* ein Beitrag zur Geschichte der Kämpfe zwischen Staat und Kirche. Leipzig: Duncker & Humblot, 1874, p. 131.

e Antiguidade dominam quase que exclusivamente o terreno da teoria medieval do Estado, o que é uma contradição das mais espinhosas, pois, entre as duas visões, uma defende a atuação do Estado em sua plena potência, e a outra o nega. O embate entre essas duas posições opostas configura o conteúdo do desenvolvimento medieval. Assim, enquanto, no início, prevalece a influência do cristianismo devido à autoridade de Santo Agostinho, no curso da Idade Média a influência clássica adquire cada vez mais relevância por meio da autoridade de Aristóteles. O resultado desse embate constitui a doutrina do Estado moderno, a qual se funda em um renascimento geral da Antiguidade, modificada e depurada pelo Cristianismo.

A seguir, a contraposição entre Cristianismo e Antiguidade, ou seja, como ela se impõe na teoria medieval do Estado, será brevemente apresentada.

O dualismo na doutrina cristã, que não apenas distingue radicalmente os pares corpo e alma, temporal e espiritual, homem e divindade, desse lado e daquele lado, mas também valora diferentemente cada um dos opostos, é o responsável, ainda, por criar esse nefasto antagonismo, tão alheio aos clássicos e tão característico da Idade Média: a oposição entre Estado e Igreja. Ademais, isso era uma decorrência natural da teoria que entendia a existência terrena como uma mera instância transitória na terra, como uma preparação para a vida futura, verdadeira e considerada melhor em todos sentidos, de tal sorte que o Estado, como uma comunidade que serve a objetivos predominantemente terrenos e criada por meios terrenos, deixava de ter boa parte de sua extraordinária importância, que lhe era atribuída na Idade Antiga. Que o Estado, obviamente, também era considerado um componente necessário no sistema de pensamento que em profundidade supera em muito a forma de ver o mundo dos antigos,[18] e que ele também foi tido como uma ordem abençoada por Deus[19] – claro, somente no sentido

---

[18] Nota 1 no original: FÖRSTER, Franz. "Die Staatslehre des Mittelalters". In: allgemeine Monatsschrift für Literatur und Wissenschaft. Halle: Schwetschke, 1853, p. 841.

[19] Nota 2 no original: WALTER, Ferdinand. Naturretch und Politik. Bonn: Marcus, 1863, p. 516.

CAPÍTULO II – A PUBLICÍSTICA NO SÉCULO XIII

de que o pecado também pode ser vontade de Deus – era o que lhe restava de consolação perante a profunda desvalorização que sofrera em relação à Igreja.

De mãos dadas com essa perda de importância do Estado caminha uma maior valorização do indivíduo em sua relação com o Estado, a qual corresponde à doutrina cristã de determinação divina do homem. Assim, a religião, "ao definir como o verdadeiro fim do homem a vocação à imortalidade e a entrada no reino celestial", coloca a existência terrena como secundária e faz do indivíduo a sua questão principal.[20] Como "se deve obedecer mais à Deus do que ao homem", aquela subordinação completa do indivíduo ao Estado, que valia como um pressuposto natural na Idade Antiga, é afastada dentro dos assuntos espirituais. Com isso, se criou uma esfera de direitos individuais à margem do Estado que, em princípio, só teria um conteúdo religioso, mas que, apoiada em uma visão do direito germânico-individualista, se ampliou até formar um círculo alargado de direitos inatos e invioláveis do homem proclamados pelo jusnaturalismo da modernidade.

A influência da Antiguidade no desenvolvimento da teoria medieval do Estado expressa-se, primeiramente, na ideia de um governo universal unitário que abarcasse a todos os povos que o Império Romano havia deixado à Idade Média como herança. Os invasores germânicos, deslumbrados com o esplendor, agora, somente aparente do Imperador romano, jamais ousaram se considerar como conquistadores ou a proceder de acordo o direito de guerra.[21]

E, sim, eles vieram como continuadores de um Império que, em sua opinião, continuava de pé e como tais foram vistos pela posteridade. Que entre o velho Império Romano e o Sacro Império Romano-Germânico havia uma completa continuidade histórica, ninguém duvidava na Idade Média.

---

[20] Nota 3 no original: WALTER, Ferdinand. *Naturrecht und Politik*. Bonn: Marcus, 1863, p. 515.
[21] Nota 1 no original: FÖRSTER, Franz. "Die Staatslehre des Mittelalters". *In: allgemeine Monatsschrift für Literatur und Wissenschaft*. Halle: C. Schwetschke, 1853, p. 843.

A segunda grande evidência de como a Antiguidade influenciou de forma incontornável tanto a ciência medieval em geral quanto a teoria do Estado em particular são os escritos de Aristóteles.[22] Dele, a ciência medieval do Estado tomou, sobretudo, seus fundamentos filosóficos. Assim, por exemplo, as três categorias de *ens, motus* e *finis* e o princípio de que o movimento pressupõe um motor; elaborações teóricas gerais, como tais, na qual o todo é superior às partes e que a natureza busca em tudo a perfeição, aplicam-se com muita pertinência ao estudo do Estado. A Teoria do Estado de Aristóteles é, sem dúvidas, da maior importância. Suas concepções de fins e origem do Estado, a distinção entre constituições verdadeiras e falsas (παρεξβαδις), especialmente sua caracterização da tirania, em parte também a classificação das formas de Estado – todo esse arcabouço foi aceito cegamente por muitos autores, de uma forma acrítica e dogmática, típica da Idade Média, com inúmeros equívocos, sem sequer comprovar, primeiramente, se o pensamento aristotélico ainda teria validade em meio às mudanças das circunstâncias temporais e sem que ninguém desse conta de até que ponto essas concepções se punham em franca contradição com as premissas do Cristianismo.[23] O século XIII caracteriza-se pela divulgação (por volta do ano 1200) dos escritos políticos do Estagirita.[24] Outros trabalhos do Filósofo já eram conhecidos há muito tempo e alcançaram um patamar de tanta notoriedade no mundo intelectual da Idade Média que a agora descoberta "*Política*" foi amplamente aceita sem reservas. A descoberta dessa obra foi um motivo fundamental do grande impulso que o estudo sobre a ciência política experimentou nesse século. Os esforços por tratar cientificamente as formas de associação humanas, como o Estado, a Igreja, a família e etc., já haviam começado na época da Questão das Investiduras; mas só, agora, recebiam um tratamento de uma teoria

---

22 Nota 2 no original: STAHL, Friedrich Julius. *Geschichte der Rechtsphilosophie*. 2ª ed. Heidelberg: Mohr, 1847, p. 62.
23 Nota 1 no original: STAHL, Friedrich Julius. *Geschichte der Rechtsphilosophie*. 2ª ed. Heidelberg: Mohr, 1847, pp. 70 e ss.
24 Nota 2 no original: REHM, Hermann. *Geschichte der Staatsrechtswissenschaft*. Leipzig: Mohr, 1896, p. 174.

CAPÍTULO II – A PUBLICÍSTICA NO SÉCULO XIII

publicística acabada.[25] Ao mesmo tempo – em grande medida graças à influência de Aristóteles –, surge a primeira Filosofia do Direito e do Estado autônoma, que, progressivamente, se livra dos estreitos vínculos com a Teologia. Como representantes dessa orientação pertencem quase todos os publicistas do século XIII,[26] como Vicente de Beauvais, Tomás de Aquino, Bartolomeu de Luca, Egídio Romano Colonna, João de Paris, Engelberto de Admont e também Dante Alighieri.

A doutrina medieval do Estado alcançou seu apogeu no transcorrer deste século; ao mesmo tempo, todavia, já era possível identificar os primeiros passos de uma concepção moderna de Estado, como era o caso de Dante. Para destacar com mais detalhes o lugar que a Teoria do Estado de Dante ocupa no desenvolvimento da Filosofia do Estado à época, cabe esboçar na sequência o conteúdo das teorias mais importantes do século XIII, as quais tiveram, inclusive, alguma influência no próprio pensamento de Dante.

Após o impulso geral das ciências no século XII, o qual era representado no terreno da teoria do Estado por João de Salisbury, no século XIII se destacou, de início, o dominicano Vicente de Beauvais, que em sua obra *Speculum doctrinale* tratou das doutrinas publicistas nos livros 8 a 11. Ele não suscitou nenhum interesse especial e logo foi eclipsado por outro dominicano, cujo nome está inscrito em ouro na história do pensamento da Idade Média: São Tomás de Aquino. A relevância desse homem, que se destacou no terreno da Ciência Política, assim como na dogmática e na Filosofia, nos interessa aqui ainda mais porque suas discussões sobre Estado, bem como sobre teorias filosóficas, exerceram grande influência sobre Dante. De conteúdo exclusivamente publicista é o escrito *De regimine principum* (1274), uma obra em quatro volumes, que é dedicada ao rei do Chipre. No entanto, somente os dois primeiros livros seriam do próprio Tomás; os dois últimos seriam

---

[25] Nota 3 no original: GIERKE, Otto Von. *Genossenschaftsrecht*. 3ª ed. Berlin: Weidmann, 1881, p. 510.
[26] Nota 4 no original: REHM, Hermann. *Geschichte der Staatsrechtswissenschaft*. Leipzig: Mohr, 1896, p. 179.

muito provavelmente originários de Bartolomeu de Luca, discípulo de Tomás.[27] Também é digno de menção seu comentário sobre a *Política*, de Aristóteles, assim como suas reflexões entremeadas em suas principais obras, a *Summa theologiae* e a *Summa contra gentiles*.[28] Tomás atribuiu a origem do Estado, assim como Aristóteles, à sociabilidade natural ou à necessidade humana por reciprocidade (*humana indigentia*).[29] O fim do Estado, que ele, em franca contraposição às concepções medievais, considera a sociedade humana suprema, é o de realizar a felicidade da vida terrena. Isso não significa apenas algo como um bem-estar físico, é muito mais, é o alcance de uma virtude terrena, que pode ser reconhecida pela razão humana; enquanto a virtude divina, que somente pode ser reconhecida pela razão divina e somente pode ser alcançada pela graça, a qual compete às funções da Igreja.[30] Essa última concepção teórica é aquela, como veremos posteriormente, que Dante retoma.[31] Em relação à teoria das formas de Estado, Tomás fica sob a influência de Aristóteles, ainda que não esteja a ela vinculado totalmente. Não entra em questão aqui o que será debatido por Tomás no que toca às formas jurídicas de Estado, mas, sim, muito mais – como já é o caso de todos os autores deste período – a questão sobre a conveniência da monarquia em relação a outras formas constitucionais.[32] A monarquia como tal era, desde o princípio, a forma preferida. Tomás também define a monarquia, mas a monarquia eleita, como a melhor forma constitucional. A forma de Estado monárquica tem seu fundamento na

---

[27] Nota 1 no original: Cf. LORENZ, Ottokar. *Deutsche Geschichtsquellen im Mittelalter: seit der Mitte des 13. Jahrhunderts*. vol. 2, Berlin: Hertz, 1887, p. 338.

[28] Nota 2 no original: Cf. BAUMANN, Julius. *Die Staatslehre des heiligen Thomas von Aquino*. Leipzig: Hirzel, 1873.

[29] Nota 3 no original: AQUINO, Santo Tomás de. *De regimine principum*, livro I, cap. 1.

[30] Nota 4 no original: AQUINO, Santo Tomás de. *De regimine principum*, livro I, cap. 15.

[31] Nota 5 no original: STAHL, Friedrich Julius. *Geschichte der Rechtsphilosophie*. 2ª ed. Heidelberg: Mohr, 1847, p. 69.

[32] Nota 1 no original: REHM, Hermann. *Geschichte der Staatsrechtswissenschaft*. Leipzig: Mohr, 1896, p. 180.

CAPÍTULO II – A PUBLICÍSTICA NO SÉCULO XIII

analogia com a unidade do governo divino universal,[33] como também acontece de maneira semelhante com Dante. É interessante que, para avaliar a relação do regente com o povo, Tomás afirma que um rei que é alçado ao trono pela sociedade pode também por ela ser de lá retirado, caso abuse de seu poder. Se essa relação será baseada em um contrato social, não fica claro – se bem que em muitas passagens algo desse tipo pode ser pensado.[34] De uma relevância ainda maior é a posição de São Tomás sobre o problema do governo unitário do mundo, a questão favorita da Idade Média e, em relação a isso, como ele equaciona a oposição entre Estado e Igreja, Papado e Império. Já em sua obra *De regimine principum* (I 9; III 13; IV 19) emerge a ideia de uma monarquia mundial unificada, concebida como uma imagem terrena do domínio divino e uniformizado do universo. Nesse sentido, ele entende toda a cristandade como um organismo gigantesco, que ele chama de *Corpus mysticum*.[35] O vértice unitário da cristandade, a cabeça desse *corpus* e também sua alma, é única e exclusivamente o Papa. Tomás não diferencia em absoluto entre poder espiritual e poder temporal. Não há em sua obra nenhum rastro da teoria das duas espadas; todo o poder terreno, como quer que se configure, advém do representante de Cristo na terra.[36] Isso vale também, naturalmente, para o poder dos príncipes e dos reis, cuja missão é realizar entre os súditos o bem-estar exterior e a virtude terrena. O que é, contudo, somente um primeiro passo,

---

[33] Nota 2 no original: AQUINO, Santo Tomás de. *De regimine principum,* livro I, cap. 12.

[34] Nota 3 no original: REHM, Hermann. *Geschichte der Staatsrechtswissenschaft.* Leipzig: Mohr, 1896, p. 180. Cf., por exemplo, a passagem: *(De regime principum,* livro I, cap. 6): "quia hoc ipse (Tyranus) meruit in multitudinis regimine se non fideliter gerens, ut exigit regis officium, quod ei pactum a subditis non reservetur". "Pois se o governo da sociedade não se comporta como exige o dever de um príncipe, então ele fica vulnerável a que seu contrato não seja mantido pelos súditos".

[35] Nota 4 no original: A representação da cristandade como *corpus mysticum* se baseia em uma expressão paulina da "Epístola aos coríntios". Já se disse que nas capitulares de Worms (829): *"Universalis sancta ecclesia Dei unum corpus manifeste esse credatur ejusque caput Christus".* Cf. GIERKE, Otto Von. *Genossenschaftsrecht. Das deutsche Genossenschaftsrecht.* 3ª ed. Berlin: Weidmann, 1881, p. 517, nota 7.

[36] Nota 1 no original: LORENZ, Ottokar. *Deutsche Geschichtsquellen im Mittelalter:* seit der Mitte des 13. Jahrhunderts. vol. 2, Berlin: Hertz, 1887, p. 337.

um meio para a consecução de seu objetivo máximo, levar a sociedade humana à salvação eterna. Como essa tarefa corresponde à dos sacerdotes, é natural que os reis e os príncipes estejam a eles subordinados. No Velho Testamento os reis imperam sobre os sacerdotes, mas no Novo a relação é inversa; por isso, nos impérios cristãos, os reis têm que se submeter aos sacerdotes, especialmente ao representante de Cristo, o Papa. É evidente que o Papa pode derrubar um príncipe que contradiga a fé cristã. O que também vale para a posição do Imperador, que é um príncipe como os demais, só tendo chegado ao posto superior por ter conquistado a preferência do Papa sobre outras possíveis escolhas.[37] Assim, o Estado fica completamente subordinado à Igreja.

> Por isso, é falso dizer que em todas as obras de Tomás de Aquino a posição do Papado frente ao Império se resolve no sentido da prevalência da Igreja, pois é mais o poder do Estado no contexto geral que deve ser subordinado ao Papa.[38]

A questão da relação entre Imperador e Papa voltou a ser atual em meio às hostilidades entre Bonifácio VIII e o rei francês, Filipe, o Belo, que diverge do Papa quanto ao direito de cobrar tributos do clero. Esse fato, relativamente insignificante, levou a uma nova revisão dos últimos princípios, como era próprio do método dedutivo da época, que, mesmo no tratamento das questões mais irrelevantes, ele acabava reconsiderando "as mais elevadas questões principiológicas".[39] Dentre os escritos aqui considerados,[40] chama a atenção a grande obra *De regimine*

---

[37] Nota 2 no original: Se o Papa sempre coroa o Imperador como o rei eleito alemão, ele se embasa nas disposições de Papas precedentes e em sua boa vontade. LORENZ, Ottokar. *Deutsche Geschichtsquellen im Mittelalter: seit der Mitte des 13. Jahrhunderts.* vol. 2, Berlin: Hertz, 1887, p. 338.

[38] Nota 3 no original: LORENZ, Ottokar. *Deutsche Geschichtsquellen im Mittelalter:* seit der Mitte des 13. Jahrhunderts. vol. 2, Berlin: Hertz, 1887, p. 338.

[39] Nota 4 no original: LORENZ, Ottokar. *Deutsche Geschichtsquellen im Mittelalter:* seit der Mitte des 13. Jahrhunderts. vol. 2, Berlin: Hertz, 1887, p. 334.

[40] Nota 5 no original: Cf. SCHOLZ, Richard. "Die Publizistik zur Zeit Philipps des Schönen und Bonifazius, VIII". *In: Kirchenrechtliche Abhandlungen.* Stuttgart: Enke, 1903.

CAPÍTULO II – A PUBLICÍSTICA NO SÉCULO XIII

principum (de antes de 1285), do monge agostiniano Egídio de Roma – também chamado de Egídio Romano — arcebispo de Bourges (morto em 1316) e discípulo de São Tomás de Aquino. O livro é dedicado a Filipe, o Belo, e se divide em três volumes, dos quais o primeiro consta de quatro partes e os demais, de três cada um. No primeiro dos volumes se explica como a majestade real deve governar a si mesma (*de regimine sui*); no segundo, como ela deve reger sua casa (*de regimine familiae*) e, no terceiro, como comandar a seu reino (*de regimine ne regni*). No terceiro volume, é possível encontrar debates sobre a necessidade e a origem do Estado, sobre a relação entre o Estado e a família e sobre a monarquia. Nessas seções é perceptível com clareza a influência de Aristóteles e de Tomás de Aquino. Essa obra de Egídio encontrou grande receptividade dentre seus contemporâneos, que batizaram o autor de "legislador das monarquias". Ainda mais importante é o seu tratado *De ecclesiastica potestate*,[41] que em muitos pontos se afasta das teorias defendidas no escrito anterior.[42] Essa obra, que é dedicada com as palavras da mais profunda devoção a Bonifácio VIII, se divide em três partes. Nos novos capítulos da primeira parte, o autor tenta demonstrar que o Papa não é apenas o juiz supremo nos assuntos espirituais, mas, também, nos terrenos, ficando, também, os príncipes temporais subordinados aos desmandos do Papa. A teoria das duas espadas, da qual o autor aqui se ocupa, é tratada da seguinte forma: a dupla natureza do homem – que se compõe de espírito e corpo – exige uma proteção dupla pela espada espiritual e pela temporal. Assim como o espírito governa o corpo, a

---

[41] Uma análise precisa dessa obra em KRAUS, Franz Xaver. "Agidius von Rom". In: *Oesterreichische Vierteljahresschrift für Katholische Theologie*. Wien: Braumüller, 1862, pp. 1 e ss. O sumário do manuscrito, até agora inédito, está no artigo citado de Kraus.

[42] Cf. SCHOLZ, Richard. "Die Publizistik zur Zeit Philipps des Schönen und Bonifazius, VIII". In: *Kirchenrechtliche Abhandlungen*. Stuttgart: Enke, 1903, pp. 32-129, onde está presente uma apresentação documentada da vida e obra de Egídio. A diferença se manifesta, por exemplo, na teoria da origem do Estado. Enquanto no tratado *De ecclesiastica potestate* Egídio sustenta, de acordo com Agostinho, a teoria da fundação do Estado mediante a instituição da Igreja, na obra *De regimine principum*, ele diferencia três modos naturais de criação do Estado: 1) crescimento orgânico a partir de formas inferiores; 2) contrato e 3) usurpação.

espada temporal precisa estar subordinada à espiritual. Ambas as espadas estariam unificadas nas mãos do Papa, que pessoalmente detém a espiritual e que cede a temporal para os príncipes que a empregam de acordo com as ordens papais. Na segunda parte – que é composta por 14 capítulos –, Egídio discute, de início, a afirmação de que a Igreja teria sido proibida pelo Livro Sagrado de ser proprietária de bens terrenos; e, em seguida, ele defende que cabe à Igreja na pessoa do Papa o direito sobre tudo aquilo que possa ser objeto de possessão. Na terceira parte, Egídio procura relativizar as consequências práticas dos rígidos princípios apresentados anteriormente, os quais, na prática, privam a autoridade temporal de qualquer existência autônoma. O Papa deve exercer com sabedoria e prudência a autoridade que lhe é conferida, de maneira que a palavra de Cristo seja respeitada: "dê a Deus o que é de Deus e a César o que é de César". No entanto, no último capítulo, no qual ele resume suas pesquisas sobre o poder eclesiástico, ele diz: *Quod in ecclesia est tanta potestatis plenitudo quod eius posse est sine pondere, numero et mensura.* O que se percebe é que no tocante à relação entre Estado e Igreja, Egídio Romano representa aqueles que, de uma maneira decidida, defendem os interesses papais na linha política mais extrema. A grande semelhança que seu tratado tem com a bula de Bonifácio, *Unam sanctam,* tanto no conteúdo quanto na forma, levantou a suspeita de que Egídio poderia ter participado na redação da famosa bula[43]. Na mesma linha que Egídio, escreveu também seu irmão de ordem, Tiago de Viterbo. Seu tratado *De regimine christiano* expõe de maneira mais clara, nos capítulos de 2 a 6 da obra, sua linha de pensamento, da qual se pode concluir que a Igreja, assim como o Estado, pode ser definida κατ' εξοχην [por analogia].[44]

A defesa extrema do Papado por Egídio faz parecer um equívoco atribuir a ele a autoria de uma obra que sustenta a autonomia do poder

---

[43] Nota 1 no original: Cf. KRAUS, Franz Xaver. "Agidius von Rom". In: *Oesterreichische Vierteljahresschrift für Katholische Theologie*. Wien: Braumüller, 1862, pp. 20 e ss.

[44] Nota 2 no original: SCHOLZ, Richard. "Die Publizistik zur Zeit Philipps des Schönen und Bonifazius VIII". In: *Kirchenrechtliche Abhandlungen*. Stuttgart: Enke, 1903, p. 133.

CAPÍTULO II – A PUBLICÍSTICA NO SÉCULO XIII

temporal, como a *Quaestio in utramque partem*. Ela mais parece escrita por um jurista anônimo dos primórdios do século XIV (1302),[45] expondo ideias similares às do *De Monarchia* de Dante. A obra se estrutura em cinco artigos, que discutem cinco questões básicas. Após uma introdução geral, ela trata brevemente no primeiro artigo da origem divina do poder temporal e do espiritual; o segundo explica a independência mútua entre os dois poderes. O terceiro nega ao Papa toda forma de poder temporal; enquanto o quarto expõe os casos excepcionais nos quais o poder espiritual está autorizado a intervir no terreno temporal. No quinto artigo, o mais importante e mais extenso da obra, é demonstrada a independência da França perante o Papa e o Império. Aqui também contém um tratamento da doação de Constantino que remete vivamente a Dante.

O *Quaestio de potestate papae*, obra anônima que apareceu aproximadamente na mesma época, possui grande similaridade com o tratado mencionado acima. O autor parece ser um jurista, provavelmente da nação francesa.[46] Esse escrito resolve a questão da relação entre o poder temporal e o espiritual, estabelecendo a independência recíproca de ambos. O poder espiritual e o poder temporal têm que ser para a humanidade a cabeça e o coração, que executam funções distintas no corpo humano sem depender um do outro. Há o rechaço de que o poder temporal seja derivado do poder espiritual, fazendo referência à precedência histórica do Estado em relação à Igreja. A independência do rei da França frente ao poder imperial reside, dentre outras razões, no fundamento da prescrição; o que não significa, todavia, que a submissão do poder imperial ao poder papal possa ser totalmente excluída. O *Regnum* francês – como fazem a maioria dos publicistas de nacionalidade francesa – não é concebido como parte integrante de um *Imperium* que

---

[45] Nota 3 no original: Cf. SCHOLZ, Richard. "Die Publizistik zur Zeit Philipps des Schönen und Bonifazius, VIII". In: *Kirchenrechtliche Abhandlungen*. Stuttgart: Enke, 1903, pp. 224 e ss. Riezler, ao contrário, atribui a autoria da obra a Raúl de Presles e estima como data de publicação a década de 1360 a 1370.

[46] Nota 1 no original: SCHOLZ, Richard. "Die Publizistik zur Zeit Philipps des Schönen und Bonifazius, VIII". In: *Kirchenrechtliche Abhandlungen*. Stuttgart: Enke, 1903, pp. 252 e ss.

lhe é superior, mas, sim, como outros Estados, como uma entidade associada ao Império.[47]

Dentre as publicações mais relevantes da literatura polemista francesa está o tratado de João de Paris *De potestate regia et papali* (1302-1303). O autor era um monge dominicano e *magister artium* da Universidade de Paris e entrou em conflito com a Cúria por causa de suas opiniões heréticas. No embate do reino francês com o Papado, ele foi um determinado partidário real. Em favor dos interesses reais, ele escreveu o mencionado tratado, cujo conteúdo estava alinhado a muitas publicações da época, ainda que não lhe faltassem ideias próprias e originais. Aqui também por princípio se nega um poder temporal originário do Papa em razão de sua condição de representante de Cristo e da sucessão apostólica. A Igreja somente poderia possuir bens temporais com base em um título jurídico específico – como, por exemplo, por doação dos príncipes. A ideia de um poder universal que fosse puramente espiritual e que não pudesse ter o Imperador no topo era, por completo, rechaçada; assegurando, assim, a independência do reino da França frente ao *Imperium*. Na visão do autor, Papa e Imperador representam poderes independentes entre si. A subordinação de um ao outro não é, contudo, completamente excluída. Dessa forma, o Papa se submete ao Imperador no tocante a assuntos temporais, e o Imperador se sujeita ao Papa em questões espirituais. Em caso de violações, cada um tem o direito, em seu terreno, de censurar o outro e até de castigá-lo e renunciar-lhe. A parábola dos dois luminares somente pode ser utilizada para referir-se à iluminação e instrução da fé, único contexto em que o Papa atua como o grande farol, o Sol, e o Imperador, como a luz menor, a Lua, que se vale da maior para ter sua luminosidade. A mesma lógica não cabe para os poderes. Isso porque o poder imperial não advém do poder papal,

---

[47] Nota 2 no original: A concepção dos autores franceses sobre a relação do *Regnum* francês com o *Imperium* se reflete claramente em uma passagem muito característica de *Disputatio in utramque partem*: "*Omnia enim, quae por Impetatore faciunt, valent nihilominus pro rege Franciae, qui Imperator est in regno suo* [...]. *regnum Francorum prius habuit Imperium quam regnum Theotonicorum*". "Tudo que fala do Imperador vale igualmente para o rei da França, que é Imperador em seu reino [...]. França teve um *Imperium* antes da Alemanha".

CAPÍTULO II – A PUBLICÍSTICA NO SÉCULO XIII

mas, sim, como esse, direto de Deus.[48] Quanto à doação de Constantino e à *translatio imperii* é possível encontrar argumentos muito similares aos utilizados na *Quaestio de potestate papae*. O antagonismo de João contra o poder temporal do Papa e contra uma monarquia universal é a consequência natural do princípio do Estado nacional, que ele mesmo defende. A esse princípio ele vincula também a ideia da soberania popular. Assim, é possível encontrar aqui, ao lado da origem orgânica e natural do Estado baseada no fundamento aristotélico-tomista uma clara teoria contratualista; sendo o povo considerado a fonte do poder estatal, relegando Deus como *causa remota*.

O escrito de João exerceu grande influência nos publicistas que lhe sobrevieram. Marsílio, Janduno e Ockham valeram-se dele, ainda que sem mencioná-lo expressamente, uma vez que, à época, era comum omitir a citação nominal de autores vivos ou recém-falecidos.[49] Também se buscou fazer alguma ligação da obra de Dante, *De Monarchia,* com o tratado de João, ainda que sem ter a certeza cabal da influência das ideias de um sobre o outro.[50]

Dentre as obras mais conhecidas da publicística francesa durante o período da grande controvérsia eclesiástica, pertence a *Disputatio inter militem et clericum,* um tratado que, sob a forma de diálogo entre um clérigo e um cavaleiro, defende os interesses dos guelfos franceses. De maneira enfática, rechaça-se aqui um governo do Papa, que, como vigário de Cristo teria que vincular-se às palavras do Senhor: "Meu reino não é deste mundo". Em termos semelhantes aos de outras obras, ele afirma a independência do poder temporal frente ao espiritual, do reino francês ante o Império. Ele também polemiza contra a vida exuberante

---

[48] Nota 1 no original: ver a teoria correspondente em Dante, *infra,* cap. 4, pp. 67 ss.
[49] Nota 1 no original: RIEZLER. Sigmund. *Die literarischen Widersacher der Päpste zur Zeit Ludwig des Baiers:* ein Beitrag zur Geschichte der Kämpfe zwischen Staat und Kirche. Leipzig: Duncker & Humblot, 1874, p. 152, nota 2.
[50] Nota 2 no original: Cipolla dedica um tratamento especial a essa questão: CIPOLLA, Carlo. "Il trattato 'De Monarchia' di Dante Alighieri e l'opuscolo 'De potestate regia et papali' di Giovanni da Parigi". *In: Memorie della Accademia delle Scienze di Torino.* n. 2, t. 42, Torino: Clausen, 1892, ainda sem chegar a um resultado satisfatório.

do clero – e com um tom duro e veemente, muito diferente da maneira com que a escolástica até então tratava a gravidade de questões como tal.[51] Durante muito tempo, Ockham era tido como o autor da obra; cuja autoria foi atribuída no presente a Pedro Dubois.[52] Ele, assim como Pedro Flote e Guilherme Nogaret, era um dos agentes políticos de Filipe, o Belo, tendo ocupado o cargo de advogado real. Dentre as ideias políticas e os projetos de reforma, relativamente interessantes, ainda que não muito originais, Pedro Dubois deixou um considerável número de textos, dos quais alguns remetem ao pensamento de Dante. Pode-se mencionar aqui a proposta de uma federação europeia de Estados, a qual é desenvolvida na obra *De recuperatione terrae sanctae*. O pensamento de Dubois, fundado na base aristotélica-tomista, não é senão a ideia um tanto modificada de um reino universal, com o qual a federação de Estados de Dubois também compartilha o objetivo de alcançar a paz. Apesar disso, o advogado francês é um opositor da monarquia mundial[53] ou, ao menos, de um governo universal que se realize por meio do *Imperium Romanum,* como pensavam e exigiam comumente os alemães e italianos partidários do regime imperial. A concepção de uma monarquia universal francesa comandada por um rei da França

---

[51] Nota 3 no original: RIEZLER. Sigmund. *Die literarischen Widersacher der Päpste zur Zeit Ludwig des Baiers:* ein Beitrag zur Geschichte der Kämpfe zwischen Staat und Kirche. Leipzig: Duncker & Humblot, 1874, p. 146.

[52] Nota 4 no original: primeiro RIEZLER. Sigmund. *Die literarischen Widersacher der Päpste zur Zeit Ludwig des Baiers:* ein Beitrag zur Geschichte der Kämpfe zwischen Staat und Kirche. Leipzig: Duncker & Humblot, 1874, p. 146. Recentemente também SCHOLZ, Richard. "Die Publizistik zur Zeit Philipps des Schönen und Bonifazius, VIII". In: *Kirchenrechtliche Abhandlungen*. Stuttgart: Enke, 1903, pp. 333 e ss.

[53] Nota 1 no original: Dos argumentos que ele utiliza contra a monarquia mundial, diz SCHOLZ, Richard. "Die Publizistik zur Zeit Philipps des Schönen und Bonifazius, VIII". In: *Kirchenrechtliche Abhandlungen*. Stuttgart: Enke, 1903, p. 410: "Essas polêmicas, recorrentes desde 1302 em todos os publicistas franceses, têm em Dubois uma conotação tão pouco hostil às pretensões do Papa que é possível supor que ele levou em conta a opinião dos defensores do império, sendo bastante evidente o paralelo com o *De Monarchia* de Dante o modelo ideal de um monarca perfeito *totius mundi*". Essa suposição é altamente hipotética, dada a muito duvidosa cronologia presente no livro *De Monarchia*.

CAPÍTULO II – A PUBLICÍSTICA NO SÉCULO XIII

não é, contudo, em absoluto, por ele rechaçada. E ele também considera justo – como quase todos os publicistas – um governo espiritual do Papa sobre o conjunto da humanidade. No tocante à questão da propriedade eclesiástica e à doação de Constantino, que ele defende ser inválidas, é possível encontrar em Dubois, como também em outros publicistas franceses, algumas concordâncias com os argumentos de Dante.

Na segunda metade do século XIII, adentram no palco principal também os publicistas alemães que também se envolveram na grande questão candente da época, o conflito entre Estado e Igreja. A poesia já havia se ocupado do assunto fazia muito tempo, sendo que numerosos textos poéticos falavam dessa insanável clivagem.[54] Os livros de Direito publicados nesse período também discutiam a relação entre o Papa e o Imperador, explicitando a teoria das duas espadas; mas, não exatamente na mesma direção, claro. Isso porque, enquanto o Espelho dos Saxões [*Sachsenspiegel*] sustenta a independência da autoridade imperial, o Espelho dos Suábios [*Schwabenspiegel*] torna notória a conhecida teoria na interpretação daqueles que frequentemente defendem a primazia da Igreja: é o Papa que recebe ambas as espadas de Deus, a temporal e a espiritual, e que, por sua vez, empresta a temporal ao Imperador.[55] Como obra que trata exclusivamente deste problema, merece destaque a de um canônico da diocese de Osnabrück, Jordano de Osnabrück: *De praerogativa Romani imperii*, também chamada de *Cronica ou Tractatus de translatione imperii*, escrito por cerca de 1285 e dedicada ao mecenas de Jordano, o cardeal Tiago Colonna. Entretanto, a autoria de Jordano,

---

[54] Nota 2 no original: Compilados em HÖFLER, Karl Adolf Konstantin von. *Kaiserthum und Papsthum:* ein Beitrag zur Philosophie der Geschichte. Prag: Tempsky, 1862.

[55] Nota 1 no original: REPGOW, Eike von. *Sachsenspiegel*. Basel: Bernhard Richel, Sachsenspiegel (livro I, art. 1º): "Tvei svert lit got in ertrike to beseermen de Kristenheit. Dem Pavese ist gesat dat gesitlike, deme Keiser dat vertlike".

Schwabenspiegel: "Daz weltlich swert des gerihtes daz lihet der Babest dem Chaieser, das gestlich ist dem Babest gesezt daz er da mite rihte".

Sachsenspiegel é um livro jurídico mais próximo do Império, mas com influência do direito canônico. Schwabenspiegel é um código canônico germânico, leis jurídicas mais próximas da Igreja. (N.T.)

ao menos em relação a certas partes da obra, é discutível, uma vez que se suspeita que o tratado pode ter sido escrito pelo próprio cardeal Tiago Colonna ou por um canônico da cidade de Colônia, de nome Alexandre de Roes, que foi quem levou o escrito às mãos do cardeal.[56] O objetivo do livro é levar o Papa (Martinho IV ou Honório IV), defendendo a origem autônoma e o significado relevante do Império, a mudar de opinião quanto à liderança do Império Romano (então ocupada por Rodolfo de Habsburgo)[57] e a contrapor-se na corte papal aos planos eclesiásticos-tomistas. Já no primeiro capítulo, ele fala do reconhecimento e da honraria concedidos ao Império Romano pela pessoa do Salvador. No seguinte, a teoria do *translatio imperii* é, ao menos aparentemente, aceita, em sua versão tradicional; Jordano admite que o Papa transmitiu o controle do Império Romano a Carlos Magno e aos germânicos. Aqui há um esforço de introduzir uma perspectiva nacional para afastar as conclusões, que normalmente são tiradas pelo lado eclesiástico deste fato, especificamente da submissão do Imperador ao Papa. Os germânicos, os que descendem dos troianos, que querem, assim, se equiparar em dignidade aos romanos, enxergam a si mesmos por meio de um tipo de predestinação mística, como escolhidos por Deus para sucessores dos romanos. O autor também busca saber mais sobre um parentesco de Carlos Magno com a Casa Real grega, de tal sorte que a partir da transferência de poder não sobraria nenhum direito ao Papa. O colégio dos príncipes, considerado por muitos como uma criação do Papa Gregório V, o qual ainda permitia estabelecer uma dependência indireta do Império em relação ao trono papal, é levado

---

[56] Nota 2 no original: Cf. WAITZ, Georg. "Des Jordanus von Osnabrück Buch über das römische Beich". In: *Königliche Gesellschaft der Wissenschaften zu Göttingen*. seção histórico-filológica, vol. 14, Göttingen: Dieterichschen Buchhandlung, 1868/69, p. 1 e ss.; e LORENZ, Ottokar. *Deutsche Geschichtsquellen im Mittelalter:* seit der Mitte des 13. Jahrhunderts. vol. 2, Berlin: Hertz, 1887, p. 341. Assim como Wattenbach, nos Heidelberger Jahrbüchern, 62, 5, p. 364.

[57] Nota 3 no original: WAITZ, Georg. "Des Jordanus von Osnabrück Buch über das römische Beich". In: *Königliche Gesellschaft der Wissenschaften zu Göttingen*. seção histórico-filológica, vol. 14, Göttingen: Dieterichschen Buchhandlung, 1868/69, p. 11; LORENZ, Ottokar. *Deutsche Geschichtsquellen im Mittelalter:* seit der Mitte des 13. Jahrhunderts. vol. 2, Berlin: Hertz, 1887, p. 342.

CAPÍTULO II – A PUBLICÍSTICA NO SÉCULO XIII

de volta por Jordano a Carlos Magno. Essa "débil tentativa" de barrar a visão eclesiástica-tomista não conseguiu cumprir seu objetivo. Ainda mais que o partido papal tinha nos dominicanos uma legião beligerante permanentemente mobilizada a defender as pretensões eclesiásticas mais ambiciosas e expansivas com as sutis armas de uma dialética brilhante, cunhada por seu grande mestre de doutrina e de armas, o São Tomás. Um dos mais gabaritados entre os dominicanos, o mais audacioso e presunçoso publicista, que defendeu os interesses eclesiásticos perante João XXII foi Agostinho Triunfo, de Ancona. Sua obra, dedicada a João XXII, *Summa de potestata ecclesiastica,* é o que se produziu de mais extremista na publicística curial daquela época.[58] O autor, para quem nenhuma reivindicação, por mais contrária que seja às circunstâncias da realidade, é suficientemente elevada para não pleiteá-la aos sucessores de Pedro, conduz suas ações o tempo todo objetivando expandir ao máximo possível o poder do Papado. Basta reproduzir aqui algumas das afirmações mais diretas do tratado de Agostinho.[59] Somente o poder papal e mais nenhum outro desce diretamente de Deus. O Papa reúne em suas mãos, como representante de Cristo, tanto o poder espiritual quanto o temporal. Ele é o juiz supremo; a apelação de uma sentença do Papa perante o tribunal divino não é só inútil, mas também é pecaminosa. O Papa pode colocar e tirar o Imperador a seu bel-prazer, sendo que, além disso, sem uma aprovação papal nenhuma lei imperial é válida.

No entanto, tais e semelhantes excrescências da publicística eclesiástica não deixaram de ter sua réplica do lado contrário. Aqui há de se nomear novamente um alemão, o abade Engelberto de Admont. Esse autor nos interessa um tanto mais, porque muitas de suas posições

---

[58] Nota 1 no original: Uma análise precisa da obra em FRIEDBERG, Emil. *Die mittelalterlichen Lehren über das Verhältnis zwischen Staat und Kirche.* Leipzig, 1874, pp. 1 e ss.
[59] Nota 2 no original: WITTE (Karl. "Prologomena". *In:* ALIGHIERI, Dante. *De Monarchia.* ed. de Karl Witte, Vindobona: [S. I.], 1874.) oferece ainda mais passagens do tratado de Agostinho e as contrapõe às correspondentes afirmações de Dante, cujo destinatário direto é Agostinho Triunfo. Witte acredita também "Prologomena", p. 27, encontrar uma referência a Dante na introdução da obra de Agostinho.

denotam uma notória afinidade com o pensamento de Dante; especialmente, no tocante às suas discussões sobre a monarquia universal, que ele – como Dante – erige sobre uma base filosófica de construção tomista. Não se conhece com precisão seu ano de nascimento; estima-se que deve ser em meados do século XIII.[60] Ele morreu em 10 de abril de 1327, após uma vida extraordinariamente frutífera dedicada a trabalhos teológicos, filosóficos, politológicos e poéticos. Dentre seus numerosos escritos (cerca de 38) figuram dois de conteúdo publicista. Em primeiro lugar, *De regimine principum*, uma obra dividida em sete tratados, provavelmente escrita com a intenção de replicar a obra homônima de Tomás e seus discípulos, ainda que não faça referência expressa a São Tomás,[61] sendo possível, até, que Engelberto sequer tenha tido contato diretamente com a obra acabada. O trabalho do abade de Admont contém em sua maior parte teorias aristotélicas, por vezes tomadas quase que literalmente do filósofo. De maior relevância ainda é seu livro *De ortu et fine Romani imperii*, publicado sob o governo de Henrique VII, provavelmente entre 1307 e 1310.[62] Junto às considerações históricas e discussões gerais sobre o Estado, que mal podem disfarçar sua verve aristotélica, essa obra traz uma sofisticada contraposição de razões favoráveis e contrárias ao Império universal. Engelberto de Admont, que em seu tempo foi considerado uma estrela de primeira grandeza, merece para a crítica moderna um juízo desfavorável.[63] Ao

---

[60] Nota 1 no original: Cf. com mais detalhes no segundo fascículo de FUCHS, Gregor. "Engelbert von Admont". In: *Mitteilungen des historischen Vereines für Steiermark*, vol. 11, pp. 90-130, Gratz: Verein 1862.

[61] Nota 2 no original: LORENZ, Ottokar. *Deutsche Geschichtsquellen im Mittelalter: seit der Mitte des 13. Jahrhunderts*. vol. 2, Berlin: Hertz, 1887, p. 345.

[62] Nota 3 no original: Cf. também RIEZLER. Sigmund. *Die literarischen Widersacher der Päpste zur Zeit Ludwig des Baiers: ein Beitrag zur Geschichte der Kämpfe zwischen Staat und Kirche*. Leipzig: Duncker & Humblot, 1874, pp. 163 e ss.; e LORENZ, Ottokar. *Deutsche Geschichtsquellen im Mittelalter: seit der Mitte des 13. Jahrhunderts*. vol. 2, Berlin: Hertz, 1887, p. 344.

[63] Nota 1 no original: Assim, "o representante da média intelectual", RIEZLER. Sigmund. *Die literarischen Widersacher der Päpste zur Zeit Ludwig des Baiers: ein Beitrag zur Geschichte der Kämpfe zwischen Staat und Kirche*. Leipzig: Duncker & Humblot, 1874, p. 163; e LORENZ, Ottokar. *Deutsche Geschichtsquellen im*

CAPÍTULO II – A PUBLICÍSTICA NO SÉCULO XIII

aproximar a lupa em suas ideias temos o seguinte: ele concebe a origem do Estado como fruto de um ato relativamente livre,[64] por mais que não seja necessário conforme a natureza do homem. Os homens tendem, por natureza e por razão, agrupar-se em lugares seguros, no qual se submetem mediante contrato ao homem mais sábio para que ele reine sobre eles;[65] assim, do mesmo modo que a diferença entre o forte e o fraco, o grande e o pequeno, impõe na natureza a necessidade da hierarquia, também entre os homens há de prevalecer na regência aquele que possui um entendimento superior.[66] O *pactum subjectionis,* do qual fala Engelberto, nada mais é do que um contrato entre o príncipe e o povo, um acordo de homens entre si para subordinar-se a um superior comum.[67] Sua concepção orgânica de Estado está em franca contradição com sua teoria do contrato social. Ele concebe o Estado como um corpo vivo, no qual o poder dirigente é a alma e os cidadãos são os órgãos, com funções perfeitamente determinadas para o funcionamento em conjunto.[68] Ele chega, inclusive, a conferir ao Estado todos os atributos essenciais para o bem-estar do corpo orgânico, como são: a saúde, com a qual ele relaciona a harmonia (*adaequatio*) do sentimento moral que fomenta e preserva a existência do Estado; a beleza, que se exprime na composição ordenada das partes em relação ao todo; e a força.[69] Como finalidade do Estado ele aponta a garantia da paz e a realização da

---

Mittelalter: seit der Mitte des 13. Jahrhunderts. vol. 2, Berlin: Hertz, 1887, p. 344.; contrários a esse juízo estão Höfler, Gierke, Rehm e Förster.

64 Nota 2 no original: referências de conteúdo em parte segundo FÖRSTER, Franz. "Die Staatslehre des Mittelalters". In: *allgemeine Monatsschrift für Literatur und Wissenschaft.* Halle: C. Schwetschke, 1853, p. 847-863, passim., que se ocupa em profundidade de Engelberto.

65 Nota 3 no original: ADMONT, Engelberto de. *De ortu,* cap. 2.

66 Nota 4 no original: ADMONT, Engelberto de. *De ortu,* cap. 1.

67 Nota 5 no original: REHM, Hermann. *Geschichte der Staatsrechtswissenschaft.* Leipzig: Mohr, 1896, p. 180.

68 Nota 6 no original: ADMONT, Engelberto de. *De regimine principum,* livro III, cap. 16, segundo Tomás; respectivamente, Platão.

69 Nota 7 no original: Cf. a respeito FÖRSTER, Franz. "Die Staatslehre des Mittelalters". In: *allgemeine Monatsschrift für Literatur und Wissenschaft.* Halle: Schwetschke, 1853, p. 852.

felicidade terrena. A paz é o fundamento inquebrantável do ordenamento de justiça; a felicidade é, com efeito, sinônimo de liberdade;[70] que não significa a capacidade de fazer ou deixar de fazer o que se quer, mas, sim, que é nesse estado, em que o espírito domina os maus sentimentos.[71] No que tange à teoria das formas constitucionais, a influência de Aristóteles é muito clara; no entanto, ele também se afasta do filósofo em alguns pontos, que é quando ele cai em graves contradições e equívocos, deixando transparecer que ele mesmo não se valeu muito do Estagirita. Ele fundamenta do seguinte modo a prevalência da monarquia sobre as outras formas de Estado: o princípio da monarquia – a razão – é mais nobre que as bases das outras formas de Estado (virtude, para a aristocracia; lei, para a democracia; arbítrio, para a oligarquia). Além disso, o que vive é superior ao que carece de vida, sendo que o rei, que reina de acordo com a razão, é ele mesmo a lei viva (*rex est lex animata: De regimine,* livro I, cap. 11). Engelberto justifica a legitimação de uma monarquia universal, abrangente a todos os reinos e povos, valendo-se de uma analogia com o mundo animal, no qual o leão é o rei dos animais terrestres, e a águia é a rainha das aves;[72] pois toda multidão precisa se organizar em um sistema de supra e subordinação. O interesse geral seria melhor e mais digno de aspiração do que o interesse privado, assim como os assuntos públicos, mais que os particulares. O interesse (*bonum*) dos reinos individualmente se comporta perante o interesse do Império universal nos mesmos termos que o interesse privado em relação ao público. Além disso, não haveria sobre a Terra mais do que um verdadeiro direito divino e humano, do mesmo modo que só há uma fé verdadeira, a cristã. Por isso, somente deve haver um Estado que represente toda a cristandade (*et per consequens una sola republica totius populi Christiani*), com somente um líder em seu comando (*ergo de necessitate erit et unus solus princeps et rex illius Reipublicae*).

---

[70] Nota 8 no original: ADMONT, Engelberto de. *De ortu,* cap. 9 e ADMONT, Engelberto de. *De regimine principum,* livro III, cap. 2, p. 17.
[71] Nota 1 no original: FÖRSTER, Franz. "die Staatslehre des Mittelalters". *In: Allgemeine Monatsschrift für Literatur und Wissenschaft.* 1853, p. 852, De onde também são retiradas mais citações.
[72] Nota 2 no original: ADMONT, Engelberto de. *De ortu,* cap. 15.

CAPÍTULO II – A PUBLICÍSTICA NO SÉCULO XIII

A afirmação de Santo Agostinho, "Nenhum império fora da Igreja,[73]" seria plenamente correta. Especialmente, a manutenção da paz no mundo seria a missão de uma monarquia universal; única capaz de criar uma autoridade suprema que teria a condição de organizar as disputas dos povos entre si de uma maneira pacífica. Historicamente, também, tal monarquia universal estaria justificada; pois sempre houve alguma; assim foi a assíria, a persa, a alexandrina e, agora, a romana. Aquela que Engelberto tanto aponta como sua continuação pelos alemães, a ponto de querer que o Império germânico seja penalizado por injustiças cometidas pelos romanos.[74] A fundamentação dessa monarquia universal constitui o conteúdo essencial do capítulo 15 da obra de Engelberto, *De ortu et fine imperii romanii*. O capítulo 16 elenca uma relação de argumentos contrários à monarquia universal: a grande extensão territorial do reino mundial pode trazer sempre desordens; além disso, a história demonstraria que a "monarquia" não é capaz de cumprir seu papel pacificador, uma vez que em todos os impérios mundiais houve sempre a necessidade de reprimir insurreições. Em terceiro, haveria ainda muitos países que viveram tranquilamente e em paz fora do *Imperium Romanum*. Soma-se aos aspectos contrários a uma dominação mundial unificada a diversidade do Direito e das línguas dos povos individualmente. Em quinto lugar, seria impossível colocar judeus, pagãos e cristãos para constituir um Estado. Em sexto: o Império Romano optou voluntariamente e com base no Direito em diminuir seu tamanho, assim como ocorrera sob Adriano e sob Joviniano. Por fim (em sétimo lugar), muitos Estados, como Espanha, França, Inglaterra e outros, não estariam por direito (*de iure*) subordinados ao Império Romano. Assim como, aqueles reinos que ainda estão sob o Império poderiam perfeitamente dele desvincular-se. Antes de contestar esses argumentos, Engelberto conduz uma investigação sobre a *felicitas*, a alegria, o bem-estar, que constituem o fim e a meta da vida humana em sociedade. Essa investigação precisa ser aqui mais bem detalhada,

---

[73] Nota 3 no original: AGOSTINHO, Santo. *De civitate Dei*, livro IX.
[74] Nota 1 no original: RIEZLER. Sigmund. *Die literarischen Widersacher der Päpste zur Zeit Ludwig des Baiers:* ein Beitrag zur Geschichte der Kämpfe zwischen Staat und Kirche. Leipzig: Duncker & Humblot, 1874, p. 169.

pois ela guarda grande semelhança com a teoria análoga de Dante. Há duas felicidades (*felicitas* ou *beatitudo est duplex*), disse Engelberto, que correspondem à vida terrena e celestial do homem: uma temporal, terrena, que é mutável e transitória (*scilicet praesens, quae de sua conditione est mutabilis et transitoria*), e uma futura, celestial, que é imutável e eterna (*et futura, quae est immutabilis et aeterna*). A felicidade terrena é inferior à celestial, do mesmo modo que a vida terrena é só uma sombra e uma fase transitória, um caminho para a vida futura (*quia umbra quaedam et transitus et via ad futuram vitam*). A felicidade terrena – que consiste principalmente na virtude – é, em relação à celestial, somente parcialmente completa. E como a felicidade celestial, o estado de perfeição absoluta, somente pode ser atingida pelo perfeito, assim também ocorre com o estado perfeito da vida humana, aquele que todos perseguem (*status perfectionis humanae vitae*), somente pode ser alcançado por um homem perfeito. A natureza já fez uns mais perfeitos que outros; e o menos perfeito precisa do direcionamento do perfeito para alcançar o estado de perfeição ao qual aspira. Disso resulta a relação de supra e subordinação da sociedade humana: na família, para a consecução do bem-estar doméstico; e, então, no seio da comuna, dentro do reino individual e, por fim, na unidade total da humanidade – a monarquia universal.

> *Ita ultima et excellentissima est felicitas imperii ad quam ordinatur felicitas gentium et regnorum, mediante ordine subjectionis, quam habent et habere debent omnia regna ad Imperium, in cuius felicitate tamquam universali et pro tanto uma et ultima ac optima, consistit salus et felicitas omnium.*

Na sequência (capítulo 18), emergem as contestações aos argumentos contrários à monarquia universal. Cabe aqui mencionar o argumento que ele usa para refutar a objeção de que a diversidade das línguas, do Direito e da religião entre os diferentes povos impossibilitaria um governo mundial unificado. Engelberto chama a atenção para a existência de um direito natural (*jus naturale*) que é — diferentemente do que ocorre com o *jus positivum* que é particular, variando conforme os distintos povos — igual para todos os povos e países, valendo tanto para cristãos quanto para judeus e pagãos. Todo o Império estaria convocado a proteger esse direito natural. Essa é, de maneira breve, a teoria de

CAPÍTULO II – A PUBLICÍSTICA NO SÉCULO XIII

Engelberto sobre o Império universal. Quanto à relação entre *Imperium* e *Sacerdotium* não há quase nada em sua obra *De ortu*. Somente em uma passagem, na qual fala da eventual queda do Império, ele fala que nesse caso também as Igrejas individualmente se desligariam da autoridade papal: *quia gládio temporalis sive secularis potestatis sublato, gladius spiritualis carebit finaliter tandem suo defensore contra schismaticos et haereticos.*

No que concerne ao problema da monarquia universal, vemos, portanto, uma publicística do século XIII dividida em três tendências. Uma, inspirada pelo novo pensamento nacional, que se opõe por completo à ideia de um governo universal unitário. Essa orientação tem sua origem na França, de onde já se podia perceber há tempos essa tendência. As outras duas linhas, que coincidem ao defender a monarquia universal, diferenciam-se entre si, uma vez que uma reserva ao Papa a direção suprema desse fantástico reino mundial, e a outra a confia ao Imperador. A essa última pertence Dante.

CAPÍTULO III

OS FUNDAMENTOS DA TEORIA DO ESTADO DE DANTE: A ORDEM FÍSICA E MORAL DO MUNDO

Cosmologia - Sociologia - Ética - Filosofia do Direito

O sistema de pensamento sobre a visão de mundo medieval alcançou nas obras de Dante sua realização mais brilhante e consistente. Todos os méritos desse sistema, sua profundidade de pensamento e sua rigorosa coerência lógica direcionam os holofotes para a emergência de uma grande personalidade. O universo, em sua totalidade, é reconstruído intelectualmente, formando um edifício conceitual de grandeza arquitetônica. O espaço sideral, e nele o planeta Terra, sobre o qual a humanidade, em suas diversas formas de associação até chegar à família e esta até o indivíduo – tudo isso constitui uma cadeia sólida, a qual não pode abrir mão de nenhum desses elementos sem prejudicar o conjunto. O Estado terreno, também, é apenas uma parte desse edifício mundial, como membro orgânico do céu e da terra abrangido pelo Estado de Deus.[75] Como todo ente individual

---

[75] Nota 1 no original: ALIGHIERI, Dante. *De Monarchia*, livro I, caps. 6 e 7.

ou coletivo, na medida que constitui uma unidade autônoma, o Estado terreno é apenas um reflexo do conjunto do universo,[76] do reino de Deus, no qual se encontra a relação do microcosmo com o macrocosmo. O princípio ordenador supremo desse macrocosmo é o *principium unitatis*, o princípio da unidade; toda unidade é anterior à multiplicidade,=da qual ela é considerada sua origem e seu ponto de partida. Isso é aplicável, primeiramente, para o mundo físico, o cosmo exterior, do qual Dante esboça aproximadamente a seguinte imagem: o ponto central de seu sistema, essencialmente ptolomaico, está constituído pela terra redonda e circundado por nove céus como se estivesse empurrada para dentro por enormes esferas. Para além desses céus e já fora do espaço sideral, está o empíreo, o céu de fogo, um círculo de luz intelectual e de amor, a sede da irracionalidade unificada, a divindade. Esse empíreo encontra-se em repouso eterno, enquanto o céu mais exterior, o *primum mobile*, composto de uma matéria clara, luminosa e, por isso, chamado também de céu de cristal, gira em velocidade vertiginosa. O incandescente anseio, que cada parte do céu de cristal tem em se unir com o céu divino, em repouso, o empíreo, provoca esse movimento.[77] A adoração à divindade é, assim, a primeira força motriz do universo.[78] Esse movimento do céu supremo se comunica, em uma intensidade cada vez menor, com os outros céus,[79] dos quais o oitavo é o portador de estrelas fixas, enquanto cada um dos outros sete constitui a órbita dos distintos planetas, que rotaciona em uma direção contrária ao movimento do céu. Separada do céu inferior por uma zona de fogo encontra-se, envolta em uma capa de ar, a bola de terra imóvel. Sua parte habitada é uma ilha banhada pelo mar,[80] na qual se encontra em seu centro a cidade sagrada de Jerusalém. O interior da terra é ocupado pelo inferno; em cujo círculo inferior, no centro da terra e do mundo, está o Satã, o princípio da dificuldade, do mal. No

---

[76] Nota 2 no original: ALIGHIERI, Dante. *De Monarchia*, livro III, cap. 16.
[77] Nota 1 no original: ALIGHIERI, Dante. *Convívio*, livro II, cap. 4.
[78] Nota 2 no original: ALIGHIERI, Dante. *Paraíso*, canto XXXIII, verso 145; e *Inferno*, canto I, verso 39-40.
[79] Nota 3 no original: ALIGHIERI, Dante. *Paraíso*, canto VIII, verso 28.
[80] Nota 4 no original: ALIGHIERI, Dante. *Inferno*, canto XXXIV, verso 106-126.

CAPÍTULO III – OS FUNDAMENTOS DA TEORIA DO ESTADO...

hemisfério oposto, justamente nos antípodas da montanha de redenção, em frente a Jerusalém, está a montanha do purgatório. Em cima dessa montanha, que se erige como um túmulo sobre Satã[81] e que sobressai por cima da atmosfera, reluz o jardim do Éden. No hemisfério habitado, a humanidade está estabelecida ao redor de Jerusalém. No entanto, somente sua metade ocidental até o Oceano Atlântico é cristã; os pagãos ocupam a metade oriental. O conjunto da humanidade, assim como o universo, se estrutura organicamente segundo o princípio da unidade. A concepção muito difundida na Idade Média da sociedade enquanto um corpo orgânico que se insere harmonicamente no organismo mundial, também se reverbera em Dante. O *domus*, ou seja, a casa, a família, no sentido amplo, constitui a unidade social inferior. Várias famílias se reúnem mediante o *vicus*, isto é, a comuna. Acima dela, a unidade seguinte é a *civitas*, a cidade, o município, sobre o qual se erige o *regnum*. Todos os reinos estão compreendidos na sólida estrutura do *De Monarchia*, do Estado universal, que abarca toda a humanidade em uma formidável unidade. No topo desse gigantesco edifício, estão, de um lado, o Imperador, que corresponde ao governo temporal sobre o conjunto da humanidade, e de outro, o Papa, que, como vigário de Cristo neste mundo, exerce o poder espiritual. Ambos estão submetidos à direção suprema de Deus. Esse é, em grande medida, o mundo exterior, verdadeiramente espiritualizado, de Dante, cuja cosmologia é autenticamente medieval, construída mais sobre fantasias e tradições do que sobre a experiência, e, por isso, profundamente poética. A ordem exterior do mundo corresponde à ideia, concebida analogamente, de uma ordem moral mundial, cuja função é regular a vida em sociedade dos homens, e que completa, juntamente com aquela ordem exterior do mundo, a grandiosa imagem do mundo idealizada pelo genial pensador.

Assim como a Terra, que é rodeada por nove esferas e está suspensa no espaço sideral, o espírito do homem descansa, rodeado por nove ciências, no mundo das ideias.[82] Como os primeiros sete céus

---

[81] Nota 5 no original: WITTE, Karl. "Dante's Weltgebäude". In: *Jahrbuch er Deutschen Dante-Gesellschaft*, vol 1, pp. 73-93, Leipzig: Brockhaus, 1867, p. 79.
[82] Nota 1 no original: ALIGHIERI, Dante. *Convívio*, livro II, cap. 14.

correspondem às sete artes liberais do *Trivium* e do *Quadrivium*, a saber: gramática, dialética, retórica, aritmética, música, geometria e astrologia. A oitava esfera, com suas estrelas cintilantes e sua via Láctea, com seus polos visíveis e invisíveis, lembra a relação entre física e a metafísica, que, apesar de sua diferente clareza e distinta direção, confluem uma com a outra.[83] O nono céu, por sua vez, o *primum mobile*, aquele que provém do movimento dos demais, equivale à ética, a qual liberta o princípio motriz do intelecto. Muito acima das nove esferas da ciência profana reside, analogamente ao céu de fogo do empíreo em repouso eterno, a teologia, na qual a verdade descansa em radiante e silenciosa clareza. Ocupemos-nos da ética. Assim como no mundo físico do universo, também no mundo ético, o princípio ordenador supremo é o *principium unitatis*. A unidade é ao mesmo tempo o bem; em todas as coisas, o melhor é sempre o único.[84] O ser único é a raiz do ser bom. A pluralidade, ao contrário, é o mal; o ser múltiplo é a fonte do ser mau. A luta e a discórdia são a expressão da multiplicidade, enquanto a unidade significa paz, concórdia e tranquilidade. Assim como no mundo físico, no mundo ético também há a exigência da *ordinatio ad unum*, da subordinação da pluralidade à unidade, da superação do mal pelo bem. Como se lê no *De Monarchia*, livro I, cap. 15:

> *Item dico quod ens et unum et bonum gradatim se habent secundum quintum modum dicendi "prius". Ens enim natura praecedit unum, unum vero bonum; maxime enim ens maxime est unum et maxime unum est maximem bonum et quanto aliquid a maxime ente elongatur tanto et ab esse unum, et per consequens ab esse bonum. Propter quod in omni genere rerum illud est optimum, quod máxime unum, ut Philosopho pacet in iis, quae de simpliciter Ente.*[85] *Unde fit quod unum esse videtur esse radiz eius quod est esse bonum et multa esse, eius quod est esse malum. Quare Pythagoras in correlationibus suis ex parte boni ponebat unum, ex parte vero mali plura, ut patet in primo eorum, quae de simpliciter*

---

[83] Nota 2 no original: OZANAM, Antoine Frédéric. *Dante et la philosophie catholique au treizième siècle*. Paris, 1834, p. 68.

[84] Nota 1 no original: ALIGHIERI, Dante. *De Monarchia*, livro I, cap. 15.

[85] Nota 2 no original: ARISTÓTELES. *Metafísica*, cap. 1.

CAPÍTULO III – OS FUNDAMENTOS DA TEORIA DO ESTADO...

> *Ente; hinc videri potest, quod peccare nihil est aliud quam progredi ab uno spreto ad multa.*[86]

A unidade suprema e, portanto, o bem supremo é Deus. Tudo o que é bom provém Dele; sua vontade também é fonte primária e o fundamento último do Direito e da Justiça, pois Direito e Justiça são um bem, e tudo que é bom está diante de Deus e é Deus mesmo.[87] Fora da vontade divina ou contra ela não há Direito. A justiça humana consiste unicamente na concordância com a vontade divina. *De Monarchia*, livro II, cap. 2:

> [...] *liquet quod jus, quum sit bonum per prius in mente Dei est. Et quum omne quod in mente Dei est sit Deus (juxta illud: "Quod factum est in ipso vita erat") et Deus maxime seipsum velit, sequitur, quod jus a Deo prout in eo est, sit volitum. Et quum voluntas et volitum in Deo sit idem, sequitur ulterius, quod divina voluntas sit ipsum jus. Et iterum ex hoc sequitur, quos jus in rebus nihil est aliud quam similitudo divinae voluntatis. Unde fit quod quidquid divinae voluntati non consonat, ipsum jus esse possit, et quidquid divinae voluntati est consonum jus ipsum sit.*

E de maneira semelhante é dito no *Paraíso*, canto XIX, pp. 86 e ss:

---

[86] Nota 3 no original: Cf. sobre o princípio da unidade na ética de Tomás de Aquino, *De regimine principum*, livro I, cap. 3: "*Nam bonum provenit in rebus ex uma causa perfecta, quase omnibus adnuatis, quae ad bonum juvare possunt; malum antem singillatim ex singularibus defectibus* [...]. *Et sic turpitudo ex pluribus causis diversimode provenit, pulchritudo autem uno modo ex una causa perfecta: et sic est in omnibus bonis et malis, tamquam hoc Deo providente, ut bonum ex una causa sit fortius, malum autem ex luribus causis sit debilius*". "O bem provém das coisas de uma causa perfeita, estando unido ao que pode também ajudá-lo. O mal, contudo, traz causa às deficiências particulares (ou seja, plurais). Assim, não há beleza em um corpo sem que todos os membros se relacionem entre si de maneira apropriada; e a feiura provém de mais de uma causa e em um modo diferente; a beleza, apenas de um modo e de uma causa perfeita. Assim ocorre também com o bem e o mal. Deus providenciou que o bem proviesse de uma única causa, ou seja, do mais forte, e o mal proviesse de mais de uma causa, ou seja, do mais fraco. E, além disso, livro I, cap. 8: "*Bonum autem universale non invenitur nisi in Deo*". "O bem universal não se encontra em lugar nenhum, a não ser em Deus".

[87] Nota 1 no original: ALIGHIERI, Dante. *De Monarchia*, II, cap. 2.

La prima Volontà,[88] *ch'è per sè buona / Da sè, Che è sommo Ben, mai non si mosse. / Cotanto è giusto quanto a lei consuona.*

A vontade primordial [de Deus], que em si é boa / E que é o bem supremo, jamais se altera. / O justo é o que está de acordo com ela.

O Direito aparece, portanto, como uma vontade de Deus.

Essa teoria, já defendida por Agostinho e Tomás de Aquino,[89] é característica incontornável de toda a filosofia do Direito medieval e supõe a introdução de um novo elemento, a vontade pessoal de Deus, a qual nunca foi levada em consideração na Antiguidade enquanto princípio científico.[90] Dante distingue no Direito a *lex divina*, ou seja, o Direito de Deus em sentido estrito, e a *lex naturalis*, o Direito natural. No primeiro, abrange abertamente as normas ditadas diretamente e expressamente por Deus, que resultam na determinação: *omnis namque divina ley duorum Testamentorum gremio continetur* (*De Monarchia*, livro

---

[88] Nota 2 no original: Vontade de Deus.

[89] Nota 3 no original: Deus como o bem supremo e a vontade divina como equivalente ao Direito: segundo Tomás de Aquino, *Summa Theologiae* (primeira parte). Cito apenas a título de clarificar as *conclusões* da edição do parmesão.

Quaestio VI, art. 2:

Concl.: *cum bonum sit in Deo sicut in prima causa omnium non unívoca seda equivoca et excellentissimo modo bonum in Deo esse et ipsum Deo summum esse bonum consequitur.*

Quaestio XI, art. 4:

Concl.: *Deus enim sit maxime ens et maxime indivisus es uno em grado máximo.*

Quaestio XIX, art. 3:

Concl.: *bonitatem ipsam suam Deus absolute et necesario vult.*

Quaestio XCIII, art. 1:

Concl.: *ratio divinae sapientiae moventis omnia ad debitum finem obtinet rationem legis. Et secundum hoc lex aeterna nihil aliud est "quam ratio divinae sapientaiae, secundum quod est directiva omnium actuum et motionum".*

[90] Nota 1 no original: STAHL, Friedrich Julius. *Geschichte der Rechtsphilosophie*. 2ª ed. Heidelberg: Mohr, 1847, p. 72: Cf. AGOSTINHO, Santo. *Contra Faustum*, livro XXII, cap. 27: *"lex aeterna est ratio divina vel voluntas Dei ordinem naturalem conservari jubens, pertubari vetans".*

CAPÍTULO III – OS FUNDAMENTOS DA TEORIA DO ESTADO...

III, cap. 14). Todas as leis divinas estão contidas no seio de ambos os Testamentos. A *lex naturalis* também é querida por Deus, mas somente de maneira indireta. Provém diretamente da natureza das coisas. No entanto, a natureza das coisas é igualmente uma obra de Deus ou da arte divina (*De Monarchia*, livro II, cap. 2: *quod organum est artis divinae, quam naturam communiter appellant*), de modo que o Direito natural aparece também como a expressão, ainda que indireta, da vontade divina. Dante explica o direito natural com mais detalhes no *De Monarchia*, livro II, cap. 7:

> *Propter quod patet, quod natura ordinat res cum respectu suarum facultatum, qui respectus est fundamentum iuris in rebus a natura positum. Ex quo sequitur quod ordo naturalis in rebus absque jure servari non possit, quum inseparabiliter iuris fundamentum ordini sit annexum.*
>
> Por isso, é patente que a natureza ordena as coisas a partir do respeito a suas faculdades, sendo esse respeito fundamento do Direito posto pela natureza das coisas. O que se pode concluir é que sem o Direito a ordem natural não pode se conservar nas coisas, pois o fundamento do Direito está inseparavelmente ligado à ordem natural.

Do Direito natural deriva, portanto, o Direito positivo do *jus humanum*. Dante o qualifica como *fundamentum imperii*, fundamento do Estado, e define como "relação material e pessoal do homem com o homem" (*De Monarchia*, livro II, p. 5: *jus est realis et personalis hominis ad hominem proportio, quae servata hominum servato societatem, et corrupta corrumpit*).

Essas são as duas grandes características da filosofia do Direito de Dante, que basicamente se atém ao modelo tomista.[91]

---

[91] Nota 1 no original: Assim, a divisão do Direito em Direito natural e positivo apoia-se inteiramente na correspondente teoria de Tomás de Aquino. Cf. *Summa Theologiae*, primeira e segunda parte.
Quaestio XCI *de legum diversitate*

Como a natureza e, portanto, também o homem, é uma emoção de Deus, do bem supremo, ela não pode absolutamente ser má. Natureza e espírito humano objetivam sempre a retornar a sua fonte originária, a seu criador, ao ser supremo. No *Paraíso*, canto I, verso 109-120, se diz:

> *Nell'ordine ch'io dico sono accline / Tutte nature, per diverse sorti, / Più al principio loro, e men vicine; / Onde si muovono a diversi porti / Per ló gran mar dell'essere; e ciascuna / Con instinto a lei dato che la porti.*
>
> À ordem que te digo se sujeita / De uma maneira ou de outra, toda feitura / Pois, perto ou longe, por seu amor se inquieta; / Um posto cada coisa assim procura / Pelo grande mar do ser, e a cada uma / O instinto a ela dado se apressa.

E também:

> *Nè pur Le creature, Che son fuore / D'intelligenzia, quest'arco saetta, / Ma quelle, ch'hanno intelletto e amoré.*
>
> Não apenas a criatura que, inferior, / Não tem inteligência, este arco atira, / Senão naquela que pensa e sente amor.

Enquanto a natureza obedece inconscientemente a esse impulso até a divindade, o espírito humano o faz de maneira consciente e livre.

Art. I, concl.: *"Est aliqua lex aeterna, ratio videlicet gubernativa totius universi in mente divina existens"*.

Art. II, concl.: *"Est in hominibus lex quaedam naturalis participatio videlicet legis aeternae, secundum quam bonum et malum discernum"*.

Art. III, concl.: *"Praeter aeternam et naturalem legem est lex quaedam ab hominibus inventa, secundum quam in particulari disponuntur, quae in lege naturae continentur"*.

Art. IV, concl.: *"Praeter naturalem et divinam legem divina quaedam lex necessária fuit, per quam homo in supernaturalem suum finem, qui esta eterna beatitudo ordinaretur, atque infalliberiter dirigeretur"*.

Art. V, concl.: *"veterem legem et legem novam (Antigo e Novo Testamentos) tantum unam esse legem divinam [...] dicimus"*.

CAPÍTULO III – OS FUNDAMENTOS DA TEORIA DO ESTADO...

O amor, ou seja, o impulso até a divindade, é no homem a razão última de todas as suas ações. Assim como o amor, o ardente desejo de reunir com a divindade faz girar o céu de cristal, advindo assim a suprema força motriz do cosmos, bem como o amor é a fonte principal da ordem moral do mundo. É o motivo de onde tudo vem, tanto o bem quanto o mal. No *Purgatório*, canto XVIII, verso 13, se diz:

> *Però ti prego, dolce padre caro,* / *Che mi dimostri amori, a cui riduci* / *Ogni buono operare e il suo contraro.*
>
> E te suplico, doce padre querido, / Que expliques o amor que é causador / De toda obra do bem e de seu contrário?

E igualmente no *Purgatório*, XVII, p. 103-105. E assim também o mal procede do amor, ainda que do amor desordenado e cego.[92] Uma vez que por mais que ele seja bom em si, pode enganar-se com seus fins e equivocar-se quanto ao objeto a que aspira em razão de sua aparência de bem.[93] Por isso, a missão do conhecimento humano é distinguir o verdadeiro bem dos bens aparentes.[94] O livre arbítrio conduz o homem ao bem ou ao mal.[95] No abuso dessa liberdade é que reside o pecado.[96] E o pecado segue necessariamente pela justiça divina, tendo o castigo como correspondente. O castigo, por sua vez, é o vazio criado pelo pecado na ordem moral do mundo.[97] *Paraíso*, canto VII, verso 82:

---

[92] Nota 1 no original: Agostinho, que é quem defende o pecado como "*amor perversus, inordinatus*", *De Civita Dei*, livro XII, cap. 6; Cf. DORNER, August Johannes. *Augustinus*: sein theologisches System und seine religionsphilosophische Anschauung. 1873, p. 125.
[93] Nota 2 no original: ALIGHIERI, Dante. Purgatório, canto XVIII, verso 29.
[94] Nota 3 no original: ALIGHIERI, Dante. Purgatório, canto XVIII, verso 55.
[95] Nota 4 no original: ALIGHIERI, Dante. Purgatório, canto XVIII, verso 65.
[96] Nota 5 no original: ALIGHIERI, Dante. Purgatório, canto XVII, verso 98.
[97] Nota 1 no original: Cf. HETTINGER, Franz. *Die göttliche Komödie des Dante Alighieri*. Friburgo: Herder, 1880, pp 287 e ss.

> *Ed in sua dignità mai non riviene, / Se nin riempie dove colp vôta, / Contra mal dilettar, con giuste pene.*
>
> E não volta a ser digna adiante, / Se não se arrepende da culpa do pecado, / E se a penitência não é o bastante.[98]

Fica à margem do objeto deste trabalho o desenvolvimento em detalhes do sistema de pecados e castigos elaborado por Dante, questão que já foi demasiadamente tratada.[99] Suas teorias éticas, filosóficas e jurídicas interessam aqui na medida em que têm relação com sua teoria do Estado, a qual é atribuída a função de realizar a justiça terrena, que deve ser apenas o reflexo da justiça divina.

Dos quatro problemas fundamentais que ocuparam a vida intelectual de Dante – o amor, a fé, a ciência e a política[100] –, foi o último que mais permeia seus pensamentos e sentimentos. A política, a mesma que o levou à prática e que imprimiu à sua vida uma direção trágica! Em quase todos os seus escritos, estão presentes ideias políticas e elaborações teóricas sobre o Estado. Isso vale também para a grande obra de sua vida, a *Divina Comédia*, na qual ele trabalhou desde 1300 até um pouco antes de sua morte, em 1321. Em inúmeras passagens, Papado e Império ocupam posição de destaque, o que evidencia o indisfarçável conteúdo político da epopeia. Durante muito tempo, toda uma corrente de interpretação, em especial a liderada pelos dois Rossettis, defendeu o caráter exclusivamente político dessa poesia.[101] A *Divina Comédia* era definida como um "canto triunfal ao direito exclusivo e soberano do Imperador romano pela graça de Deus" e como um "canto do Imperador

---

[98] Nota 2 no original: Uma ideia parecida está em Tomás de Aquino, *Summa Theologiae*, parte II, questão LXXXVII, art. 1.

[99] Nota 3 no original: Por exemplo, ABEGG, Heinrich. "Die Idee der Gerechtigkeit und die strafrechtlichen Grundsätze in Dantes göttlicher Komödie". In: *Jahrbucher Deutschen Dante-Gesellschaft*, vol. 1, Leipzig: Brockhaus, 1867, p. 188.

[100] Nota 4 no original: WEGELE, Franz Xaver von. *Dante Alighieri's Leben und Werke*. 3ª ed. Jena: Fischer und Mauke, 1879, p. 387.

[101] Nota 5 no original: KRAUS, Franz Xaver. *Dante, sein Leben, sein Werk, sein Verhältnis zur Kunst und zur Politik*. Berlin: Grote, 1897, pp. 360 e 677.

CAPÍTULO III – OS FUNDAMENTOS DA TEORIA DO ESTADO...

contra o Papa.[102]" Entretanto, nos dias atuais, o que se impõe dentre os intérpretes da obra é a linha mais antiga, que destaca em primeiro plano o conteúdo ético-religioso do poema. Das muitas traduções em alemão, eu utilizo a seguir aquela em tercetos rimados de Karl Streckfuss[103] e a famosa de Philalethes (pseudônimo do rei João da Saxônia), sem jambos e trabalhada fidedignamente.[104]

Para a teoria do Estado de Dante, o que se deve ser levado em consideração é o escrito inacabado *Il Convito* ou *Il Convivio, o Banquete*,[105] uma enciclopédia filosófica em forma de comentário aos poemas filosóficos do autor. Redigida na linguagem coloquial italiana, ela é um dos primeiros exemplos de prosa científica na literatura italiana. Foi escrita entre 1307 e 1308. Seu quarto livro contém um pequeno resumo de uma parte essencial do pensamento político de Dante. Eu menciono aqui a edição traduzida para o alemão por Ludwig Kannegiesser.[106] Além disso, de maior importância para o conhecimento da teoria do Estado de Dante, é o escrito *De Monarchia*. A obra foi escrita em língua escolástica latina, em três livros, sendo que cada qual se divide (não pelo autor) em 8, 11 e 15 parágrafos, respectivamente. O autor define como o objetivo dessa obra procurar uma correta compreensão da essência da monarquia. (*Cumque* [...] *temporalis Monarchie nottia utilíssima sit et maxime latens, et propter non se habere inmediate ad lucrum ab omnibus intentata; in proposito est, hanc de suis enucleare latibulis*).[107] Sua ideia e sua intenção (*typo et secundum intentionem*) entendem a monarquia temporal ou o Império como a autocracia exercida sobre tudo que subjaz ao

---

[102] Nota 1 no original: Hermann Grieber (SCARTAZZINI, Giovanni Andrea. *Dante Alighieri, seine Zeit, sein Leben und sein Werke*. Biel: Steinheil, 1869, p. 476).

[103] Nota 2 no original: Recl. Univ. Bibliothek n° 796-800.

[104] Nota 3 no original: ALIGHIERI, Dante. *Göttliche Kömodie*, traduzida metricamente por Philaletes, 1830-1833.

[105] Nota 4 no original: Incluindo a edição de *Opere minori* de Fraticelli; 3 volumes, Florença 1861-1862.

[106] Nota 5 no original: Escritos em prosa de Dante Alighieri, com exceção da *La Vita nuova*, traduzidos por Ludwig Kannegiesser, 1845.

[107] Nota 6 no original: ALIGHIERI, Dante. *De Monarchia*, livro I, cap. 1.

conceito de tempo (*unus principatus et super omnes in tempore vel in iis et super iis, quae tempora mensurantu*);[108] disso três questões, em particular, vêm à tona. Em primeiro lugar, é uma dúvida e uma pergunta (*dubitatur et quaeritur*), se a monarquia é necessária para a salvação do mundo; em segundo lugar, se o povo romano chegou legitimamente ao poder; em terceiro lugar, se a autoridade da monarquia depende unicamente de Deus ou do Papa. O livro se dedica ao tratamento de cada uma dessas questões. O peso principal é, conforme as relações de poder da época, colocado sob a resposta da última pergunta, que caminha no sentido da máxima ampliação possível da autonomia do Império perante o Papado. Relevantes também são a data e a razão da obra. A cronologia do *De Monarchia* nos interessa por causa da relação dela com publicações de cunho semelhante, como, por exemplo, as de Engelberto de Admont, João de Paris, Pedro Dubois e outros. Uma vasta bibliografia que também contém a grande questão candente do tempo de publicação da obra de Dante. E as opiniões oscilam entre dois extremos! Uns consideram o *De Monarchia* como um trabalho de juventude do poeta e situam a data de sua escrita em um período anterior a 1300. Dentre eles está o famoso pesquisador de Dante, Karl Witte.[109] Antona Traversi aponta para os anos de 1305/1306.[110] Outros, como Wegele[111] e mais tarde Scartazzini,[112] seguindo as pistas de Boccaccio, o mais antigo e não muito fidedigno biógrafo de Dante, sustentam, ao contrário, que o *De Monarchia* foi escrita por ocasião da expedição à Roma de Henrique VII, ou seja, por volta de 1312. Soma-se a essa vertente também Riezler.

---

[108] Nota 7 no original: ALIGHIERI, Dante. *De Monarchia*, livro I, cap. 2.
[109] Nota 1 no original: WITTE, Karl. "Prologomena". *In:* ALIGHIERI, Dante. *De Monarchia*. ed. de Karl Witte, Vindobona: [S. l.], 1874, pp. 35/36. Assim também, HUBATSCH, Oskar. *Dante Alighieri: über die Monarchie, übersetzt, mit einer Einleitung versehen*. Berlin: Heimann, 1872, pp. 29/30; e BÖHMER, Eduard. *Über Dantes Monarchia*. 1860.
[110] Nota 2 no original: TRAVERSI, Camilo Antona. *Sul tempo in che fu scritta La Monarchia di Dante*. Napoli: Vagilio, 1878.
[111] Nota 3 no original: TRAVERSI, Camilo Antona. *Sul tempo in che fu scritta La Monarchia di Dante*. Napoli: Vagilio, 1878, p. 302.
[112] Nota 4 no original: SCARTAZZINI, Giovanni Andrea. *Dante Handbuch*. Leipzig: Brockhaus, 1892, p. 340.

CAPÍTULO III – OS FUNDAMENTOS DA TEORIA DO ESTADO...

Grauert[113] situa a origem do *De Monarchia* "no umbral do novo século (XIV)", "na altura do meio-dia" da vida de Dante. Dentre aqueles que decidem por uma época bastante posterior às anteriores estão, dentre outros, Giuliani,[114] Gaspari,[115] Derichsweiler,[116] Scheffer-Boichhorst[117] e muito recentemente Francisco Xavier Kraus,[118] em sua grande obra sobre Dante. Junto à pergunta sobre quando Dante escreveu *De Monarchia* emerge também a dúvida se ele é de fato o autor. E não falta quem defenda que *De Monarchia* não é, em hipótese alguma, uma obra do poeta Dante: assim o fazem August Maass e Dr. L. Prompt.[119] As posições de ambos encontram, contudo, fortes contestações.[120]

Uma investigação própria dessa questão não é o objeto deste trabalho. Se nos trechos a seguir eu me filio aos acertados argumentos de F. X. Kraus, que defende a elaboração do *De Monarchia* por volta de 1318, é, sobretudo, porque Kraus apoia sua posição em motivos intrínsecos, na maturidade política da obra. Ele diz:

> *De Monarchia* está muito próximo, em termos de maturidade do pensamento político, aos três últimos cantos do *Purgatório*. Ele é,

---

[113] Nota 5 no original: "Zur Dantenforschung". In: *Historisches Jahrbuch der Görres-Gesellschaft*, vol. 16, p. 52; e GRAUERT, Hermann. *Dante und Houston Stuart Chamberlain*. 2ª ed. Friburgo: Herder, 1904.

[114] Nota 6 no original: GIULIANI, Giambattista. *Le opere latini di Dante Allighieri*. Florença: Le Monnier, 1878, p. 216.

[115] Nota 7 no original: GASPARI. *Storia della letteratura italiana*, p. 248.

[116] Nota 8 no original: DERICHSWEILER, Hermann. *Das politische System Dantes*. Gebweiler: Bolze, 1874.

[117] Nota 9 no original: SCHEFFER-BOICHORST, Paul. *Aus Dantes Verbannung: Literarhistorische Studien*. Strassburg: Trübner, 1882, pp. 98, 121 e ss.

[118] Nota 1 no original: SCHEFFER-BOICHORST, Paul. *Aus Dantes Verbannung: Literarhistorische Studien*. Strassburg: Trübner, 1882, pp. 270 e ss.; 677 e ss.

[119] Nota 2 no original: MAASS, August. *Dantes Monarchia*. Hamburg: Conrad, 1891; e PROMPT, Pierre-Inês. *Les oeuvres latines apocryphes Du Dante*. Veneza: Olschki, 1892.

[120] Nota 3 no original: Cf. WEGELE, Franz Xaver von. "War der Dichter der göttlichen Komödie der Verfasser der Schrift *De Monarchia*?". In: *Deutsche Zeitschrift für Geschichtswissenschaft*, vol. 6, pp. 78 e ss.

para nós, uma digressão feita por Dante em paralelo [com a escrita da *Divina Comédia*], em relação a um assunto que o consumia à época, para tomar definitivamente partido na prática política, com um escrito considerado altamente polêmico, de alta capacidade teórica, no qual ele contrapõe às iniciativas do Papado de Avignon, voltadas à destruição do *Imperium*, o peso de suas ideias gibelinas e toda a grandeza de sua concepção política.[121]

O destino desse livro no passar dos anos pode ser caracterizado por seu conteúdo. Em outras palavras, quando esse livro chegou à polêmica de Luís da Baviera com o Papa, pelas mãos dos defensores do Imperador, o representante papal na Lombardia, cardeal del Pogetto, o queimou em praça pública por ser herético, e o livro, junto com outras obras de grandes católicos, foi colocado na *Index librorum prohibitorum*.

Eu me valho da edição crítica de Karl Witte. Apareceram três traduções para o alemão do *De Monarchia*. A primeira de B. I. Herold, na Basileia, no ano de 1559;[122] a segunda, em 1845, de L. Kannegiesser; e, finalmente, a já referida de Oskar Hubatsch.

Considerações teóricas sobre o Estado também podem ser encontradas nas cartas de Dante. Em relação a isso, cabe apontar: a carta dirigida "Aos príncipes e povos da Itália" (1310), cuja autenticidade é, todavia, duvidosa; depois, a "Carta aos florentinos" (1311) e, por fim, a carta escrita "A Henrique VII" (1311), sobre a qual a suspeita de falsidade ainda não foi descartada.[123]

---

[121] Nota 4 no original: Cf. WEGELE, Franz Xaver von. "War der Dichter der göttlichen Komödie der Verfasser der Schrift De Monarchia?". In: *Deutsche Zeitschrift für Geschichtswissenschaft*, vol. 6, p. 280.

[122] Nota 5 no original: *Monarchey* ou dasz Kaiserthumb, verdolmetscht durch Basilium Joannem Heroldt, Basileia, MDLIX.

[123] Nota 1 no original: KRAUS, Franz Xaver. *Dante, sein Leben, sein Werk, sein Verhältnis zur Kunst und zur Politik*. Berlin: Grote, 1897, pp. 287 e ss.

CAPÍTULO IV
JUSTIFICAÇÃO E ORIGEM DO ESTADO

A concepção agostiniana-gregoriana de Estado – Seus opositores – A justificação religiosa-teológica e psicológica do Estado em Dante – A origem divina do Estado

Antes de esboçar uma exposição sistemática da Teoria do Estado de Dante, impõe-se uma breve advertência. Toda consideração geral de Dante sobre o Estado se refere ao Estado universal do Império mundial, cuja realização na prática, para o poeta, é o Sacro Império Romano-Germânico, continuação direta do *Imperium Romanum*. A monarquia temporal é, para ele, o Estado κατ᾽ εξοχην [por analogia], a única comunidade independente e suprema frente a todos os demais reinos e países, que possuem um caráter mais ou menos provincial. Essa gigantesca construção, cuja extensão é a Terra, cujo povo é a humanidade e cujo poder está representado pelo Império, é o Estado para Dante; a ele valem as considerações sobre origem e justificação do Estado, sendo que em favor dele são direcionadas as reivindicações voltadas para a promoção da cultura e da independência.

A questão sobre o fundamento e a justificação do Estado era respondida na Idade Média com base no sentido religioso-teológico que caracterizava o tratamento de todos os problemas relativos ao Direito e ao Estado nesse período. Santo Agostinho, com sua Teoria do Estado elaborada a partir das ideias do cristianismo primitivo, já havia formulado aquela teoria religiosa-anarquista, que concebia o Estado como somente uma decorrência da queda em tentação, como uma obra do mal que, como o próprio pecado, teria que ser sanada. Naturalmente, Agostinho não apresenta essas ideias de forma tão explícita, assim como sua teoria do Estado caiu frequentemente em ambiguidades; a ponto de que, com o passar do tempo, tanto seus opositores quanto seus defensores conclamam o sistema agostiniano-gregoriano para si.[124] O grande pai da Igreja adota, em geral, uma posição moderada em relação à origem e à valia do Estado. Indubitavelmente, o espírito ascético do cristianismo primitivo que predomina claramente nos escritos do santo teria que levá-lo à condenação do Estado, assim como de qualquer associação a serviço de fins exclusivamente terrenos. Agostinho considera o Estado, que faz da *terrena felicitas* sua única aspiração, como pecaminoso, como *civitas diabolis*. A *justitia*, da qual o Estado precisa para alcançar a *terrena pax*, ele não pode obter de si mesmo. E sem *justitia*, todos os Estados são somente *magna latrotinia*. O Estado como tal, sem conexão com a Igreja, desvinculado de todo motivo religioso, é algo transitório, pecaminoso e, analogamente como propriedade e matrimônio, algo a se rechaçar de imediato. No entanto, do mesmo modo que o matrimônio, pecaminoso como simples união carnal, se santifica por meio do sacramento pela Igreja, assim também o Estado pode conseguir a necessária justificação de sua existência, se receber da Igreja sua benção e seu beneplácito, ou seja, se deixar de perseguir fins terrenos, mas passar a buscar os divinos, subordinando-se à Igreja. Como o indivíduo, o matrimônio e a família, também o Estado somente deve ser digno

---

[124] Nota 1 no original: MIRBT, Carl. *Die Stellung Augustinus' im gregorianischen Kirchenstreit;* e GENNERICH. *Die Staats und Kirchenlehre des Johann von Salisbury*, p. 128.

CAPÍTULO IV – JUSTIFICAÇÃO E ORIGEM DO ESTADO

de Deus por mediação da Igreja.[125] Nesse sentido, o Estado também é, em última instância, querido por Deus, mas na medida que é querido também o pecado; e assim como o pecado, o Estado também constitui um elemento no plano divino. Somente por causa das fragilidades do homem faz-se o Estado possível e necessário, exatamente como ocorre com o matrimônio. Do mesmo modo que o celibato, segundo a doutrina do cristianismo primitivo, é o *status* preferível, assim também a ausência de Estado tem que ser o ideal a ser perseguido. Os princípios antiestatais de raízes no cristianismo primitivo, na doutrina de Agostinho, foram posteriormente adotados por Gregório VII e sua escola, tendo sido exacerbados de uma forma que já não lembrava em nada o cristianismo primitivo: se negava o Estado para colocar a Igreja em seu lugar. Essas ideias, essencialmente dirigidas para privar o Estado, como uma obra do mal, de todo direito à existência autônoma e para subordiná-lo à Igreja, encontraram sua formulação mais expressiva na famosa carta do bispo Hermano de Metz.

Contudo, a necessidade de embasar o Estado com um fundamento concreto e permanente levou essa teoria agostiniana-gregoriana, negadora do Estado, a ser contraposta por outra teoria que, apoiando-se na referência bíblica à instauração divina de uma autoridade, fez do Estado uma instituição diretamente desejada por Deus. A nova teoria,[126] defendida ainda sob o Papado de Gregório VII, considera Deus como o criador imediato do Estado, dentro daquilo que lhe compraz. Ela nega que o Estado seja oriundo de motivos delitivos ou que, inclusive, como frequentemente se sustentava, era a origem do pecado.[127] E vai além, afirmando que apesar do Estado ter sido concebido no estado de

---

[125] Nota 2 no original: Cf. DORNER, August Johannes. *Augustinus*: sein theologisches System und seine religionsphilosophische Anschauung. 1873, p. 295 e ss.
[126] Nota 1 no original: Cf. EICKEN, Heinrich Von. *Geschichte und System der mittelalterlichen Weltanschauung*. 1887, p. 356 e ss.; e MIRBT, Carl. *Die Publizistik im Zeitalter Gregors VII*. Leipzig: Hinrichs, 1894, p. 545.
[127] Nota 2 no original: Ver com mais detalhes em EICKEN, Heinrich Von. *Geschichte und System der mittelalterlichen Weltanschauung*. 1887, pp. 356 e ss.

necessidade do pecado, ele se constituiu como a principal barreira de proteção contra o pecado.

Dante também é um representante dessa teoria. De acordo com suas convicções políticas, aquela teoria agostiniana-gregoriana "inferida na lógica abstrata de um sistema religioso"[128] e dirigida, em suas manifestações práticas, à subordinação do Estado perante a Igreja. Dante chama o Estado de *remedium contra infirmatatem peccati*,[129] um remédio contra a debilidade do pecado. Não se deve, todavia, interpretar equivocadamente essa frase e supor que Dante negava o Estado como uma necessidade intrínseca, que o poeta lhe havia atribuído a função de servir à Igreja como um simples instrumento de apoio na educação moral do homem.[130] Pelo contrário! Dante precisamente não concebe o Estado como algo casual, fruto de circunstâncias e condições extrínsecas, mas, sim, como algo necessário. Assim, ele disse em *Paraíso*, VIII, p. 112 e seguintes:

> *Vuoi tu che questo ver più ti s'imbianchi? / Ed io: "Non già, perchè impossibil veggio / che le natura, in, que quel ch'e uopo, stanchi". / Ond egli ancora: "Or di', srebbe il peggio / per l'uomo in terra s' e' no fosse cive?" / "Si" ,rispos'io, "e qui ragion non cheggio".*
>
> Queres que esta verdade te aclare mais? / "Não", disse, "que o impossível eu veria / que a natureza, naquilo que é fatal, pare". / E ele insistiu: "O que o homem perderia, / Se não fosse sociável? É possível compreender? / "Sim", disse, "e questioná-lo não poderia".

Somente com o Estado cabe ao homem alcançar seu destino superior. Dante deduz essa necessidade do Estado tanto da natureza

---

[128] Nota 3 no original: EICKEN, Heinrich Von. *Geschichte und System der mittelalterlichen Weltanschauung*. 1887, p. 346.

[129] Nota 4 no original: ALIGHIERI, Dante. *De Monarchia*, livro III, cap. 4.

[130] Nota 5 no original: FÖRSTER, Franz. "Die Staatslehre des Mittelalters". *In: allgemeine Monatsschrift für Literatur und Wissenschaft*. Halle: Schwetschke, 1853, p. 845.

CAPÍTULO IV – JUSTIFICAÇÃO E ORIGEM DO ESTADO

espiritual do homem quanto da natureza física, acrescentando, assim, à justificação religiosa-teológica, uma verve psicológica.[131] A maneira com que ele faz da natureza espiritual do homem a raiz do Estado é muito peculiar; *De Monarchia*, livro I, cap. 3:

> *Patet igitur, quod ultimum de potetia ipsius umanitatis, est potentia sive virtus intellectiva. Et quia potentia ista per unum hominem seu per aliquam particuliarum communitatum [...], tota simul in actum reduci non potest, necesse est multitudinem esse in humano genere, per quam quidem tota potentia haec actuetur.*
>
> Está claro, então, que a perfeição suprema da humanidade[132] é a faculdade intelectiva. E como esta faculdade não pode ser atualizada totalmente e simultaneamente por somente um homem, nem por nenhuma das comunidades individualizadas [...], é necessário que haja impreterivelmente no gênero humano uma multidão de homens que realmente atualizem essa potência.

Dante fundamenta também a necessidade do Estado, seguindo as pegadas de Aristóteles, na natureza física do homem, cuja aspiração à felicidade, a que ordena todas as suas potências (*ordinatur ad felicitatem*), aparece como o motor da construção do Estado. No *De Monarchia*, livro I, cap. 7; e no *Convívio*, livro IV, cap. 14, ele entoa:

> O fundamento basilar da majestade imperial, em verdade, é a necessidade do Estado. Este tem como autêntico objetivo a busca de uma vida feliz, a qual ninguém consegue alcançar sozinho, sem a ajuda de alguém. Isso porque o homem tem muitas necessidades, as quais ele não pode satisfazer individualmente.[133]

---

131 Nota 1 no original: JELLINEK. *Allgemeine Staatslehre.* p. 195.
132 Nota 2 no original: Cf. com tradução de HUBATSCH, Oskar. *Dante Alighieri*: über die Monarchie, übersetzt, mit einer Einleitung versehen. Berlin: Heimann, 1872, pp. 33, § 7, e 34.
133 Nota 1 no original: Cf. as afirmações de Engelberto de Admont, *infra*.

E, por isso, diz o Filósofo[134] que o homem, por natureza, é um animal social; e da mesma forma que um homem, para sua subsistência, demanda a companhia da família em seu lar, uma casa precisa de um entorno, pois, sem uma vizinhança, ela sofreria de muitas carências, que seriam um entrave para sua felicidade. Uma vez que uma vizinhança não é capaz de sozinha satisfazer todas as necessidades, é preciso que haja uma cidade para fazê-lo. E, com isso, a cidade requer, para o comércio de seus artesanatos, para a proteção de sua área e para o fomento da fraternidade local, a existência das cidades vizinhas, por isso, o reino é criado. A necessidade da paz dentro dos diferentes reinos conduz ao estabelecimento do Estado mundial. O processo de formação do Estado, assim como em Aristóteles, consiste em um desdobramento gradual, um crescimento orgânico, desencadeado por pulsões e necessidades da psique humana. E, nos argumentos de Platão no segundo livro de sua *República*, é possível encontrar as raízes da seguinte passagem de *Paraíso*, VIII, p. 118:

E può egli esser, se giù non si vive / Diversamente per diversi uffici? / No, se Il maestro vostro ben vi scrive. / Si venne deducendo infino a quici; / Poscia conchiuse: - Dunque esser diverse / Convien de' vostri effetti le radici.

E pode ser um Estado, se sob ele as pessoas não vivem / De distintos ofícios não igualmente? / Não, se a vosso mestre escreve a verdade. / Ele deduziu até então e agora chegou, finalmente, / A uma conclusão: as pessoas devem fazer / Coisas diferentes se brotam de raízes diferentes.

Em tudo, naturalmente, permanece, em última instância, a vontade pessoal de Deus, como *causa remota*, como a causa real e derradeira do Estado. Dante enxerga na monarquia mundial a ordem provincial da vida terrena querida diretamente por Deus. Então, em *Convívio*, IV, 4,

---

[134] Nota 2 no original: Aristóteles era chamado simplesmente de "o Filósofo".

CAPÍTULO IV – JUSTIFICAÇÃO E ORIGEM DO ESTADO

no qual contesta que a ideia de que o Estado universal romano havia se instalado pela força, ele diz:

> A força não foi a causa motora, como pensavam os que zombavam, mas, sim, a causa instrumental, assim como os golpes do martelo são a causa da faca, enquanto a alma do ferreiro é a causa eficiente e motora; portanto, não foi a força, mas, sim, a causa divina que a ela se sobrepõe foi o embrião do Império Romano.

O segundo livro *De Monarchia* é todo dedicado a provar que o Estado mundial sob a condução dos romanos seria uma vontade expressa de Deus. Pela razão e revelação divina, diz ele, a predestinação e legitimidade do domínio mundial romano estariam testemunhadas.[135] Os romanos seriam o povo mais enobrecido, pois seu pai de origem, Enéias, era tido no mais elevado grau tanto por sua nobreza pessoal quanto por seus ancestrais, como fazia acreditar Virgílio (capítulo 3). Deus também possibilita claramente o reconhecimento de sua vontade por meio de inúmeros milagres (capítulo 4): o escudo que, segundo o relato de Lívio e de Lucano, caiu na cidade de Roma, quando Numa Pompílio oferecia um sacrifício; os gansos que salvaram o Capitólio dos gauleses; a tempestade de granizo, a qual expulsou Aníbal e a miraculosa fuga de Clélia pelo rio Tibre. Os romanos deram provas de sua vocação divina à dominação mundial (capítulos 6 e 7) ao perseguirem em seu reinado sobre os povos o objetivo primordial do Direito, o bem comum da humanidade, como fizeram Cincinato, Camilo, Brutos, o velho, e etc. Ademais, Dante também aponta como desígnio de Deus a vitória que Roma alcançou na luta de todos os povos pelo domínio mundial (capítulos 8 e 9). A vontade divina também se manifestou nos duelos (capítulo 10) entre Enéias e Turno, entre os horácios e os curiácios, e assim por diante, Deus sentenciou a favor dos romanos (capítulo 11). Por fim, mesmo Cristo, que nasceu sob o domínio romano, com

---

[135] Nota 1 no original: que a vontade de Deus se manifesta na história romana, já era afirmado por Agostinho: *De civitate Dei*, livro VII; igualmente em Orosius, *Historiarum*, V; e Prudêncio, *Contra orationem Symmachi*, livro II, *l.* 580.

sua obediência à censura ordenada pelo Imperador[136] e mediante seu reconhecimento do foro imperial, deu provas cabais da legitimidade do domínio mundial romano e de sua concordância com a vontade de Deus.[137] A origem divina do Estado também se encontra presente em uma passagem da "Carta aos príncipes e aos povos da Itália", na qual parafraseia diretamente a expressão paulina de que a autoridade provém de Deus. O trecho diz:

> *Quod potestati resistens, Dei ordinationi resistit, et qui divinae repugnat voluntati omni potentiae coaequali recalcitrat.*
>
> Quem resiste à autoridade, resiste à ordem de Deus, e quem se rebela contra a vontade divina se opõe à vontade equivalente do Todo Poderoso.

Isso também corresponde à ideia da origem divina do *Imperium*, quando Dante fala de um *pium imperium* (na "Carta aos florentinos") ou quando, no *Monarchia* (livro II, cap. 5), de um Estado romano, que, na "Carta aos príncipes e aos povos da Itália" está como a majestade do César, emana da "fonte da piedade".[138]

---

[136] Nota 1 no original: este argumento se encontra presente também na "Carta a Henrique VII".

[137] Nota 2 no original: um argumento frequentemente utilizado pelos publicistas medievais. Cf., por exemplo, Jordano de Osnabrück, *Tractatus de praerogativa Romani Imperii*, I: "*Multifarie multisque modis Dominus universorum in diebus sue carnis dignatus est honorare Romanum imperium [...]. Honoravit quidem Dominus caesarem sive regem Romanum mundum ingrediens, in mundo progrediens et mundum egrediens [...]. Secundo in ingressu suo Dominus approb-avit et honoravit Romanum Imperium, mox ut nauts est censui caesaris se subdendo*". "De muitas e distintas maneiras, o Senhor tem honrado nos dias de sua humanidade ao Império Romano [...]. O Senhor honrou ao César, o senhor dos romanos, com sua estadia na terra e com sua morte [...]. Em segundo lugar, com sua vinda, o Senhor honrou e reconheceu ao Império Romano, submetendo-se um pouco depois de seu nascimento à censura do Imperador". (Segundo WAITZ, George. "Des Jordanus von Osnabrück Buch über das römische Reich". *In: Abhandlung der Königl. Gesellschaft der Wissenschaften zu Göttingen*, n. 14, 1868/1869.).

[138] Nota 3 no original: *De Monarchia*, livro II, cap. 15: *"recte illud scriptum est, romanum imperium de fonte nascitur pietatis"* e na "Carta aos príncipes e aos povos da Itália":

CAPÍTULO IV – JUSTIFICAÇÃO E ORIGEM DO ESTADO

Desses argumentos se depreende que Dante pensa o Estado como derivado em última instância da vontade pessoal de Deus. Apesar disso, não se pode falar em uma fundação e vocação diretas em relação ao Papado e à Igreja. A vontade de Deus somente se manifesta indiretamente no curso da História, como *causa remota*. Com isso, reside nessa concepção de Dante da História, verdadeiramente medieval e por vezes indiscutivelmente obscura, a ousada tentativa de fundamentar o Estado – analogamente ao que ocorre com a Igreja – em uma revelação divina;[139] uma tentativa que conduziria, consequentemente, a uma "mística política" que corresponde à religiosa – e uma prova, ao mesmo tempo, da elevada argumentação que Dante apresentava sobre o significado do Estado.

A justificação do Estado encontra seu complemento natural e sua plenitude na teoria do objetivo do Estado.

"*et maiestas eius (caesaris) defluat de onte pietaris*". Segundo o pesquisador inglês especializado em Dante, Paget Toynbee (*The Atheaeum*, 3674), essa expressão advém da lenda de São Silvestre, presente na *Legenda aurea* de Tiago de Varazze, arcebispo de Gênova de 1292 a 1298.

[139] Nota 1 no original: WEGELE, Franz Xaver von. *Dante Alighieri's Leben und Werke*. 3ª ed. Jena: Fischer und Mauke, 1879, p. 356.

CAPÍTULO V
A FINALIDADE DO ESTADO

O caráter teológico da concepção de mundo de Dante – A finalidade objetiva, universal e absoluta do Estado – A paz como função do Estado – O postulado da liberdade e da justiça – O objetivo da cultura – A teoria das duas felicidades – Estado e Indivíduo – Influência clássica e cristã

Já no capítulo anterior aprendemos sobre o caráter rigorosamente teológico da concepção de Dante sobre a História. De acordo com ela, as dádivas individuais na vida dos povos não são obras do acaso, sem um sentido, ocasionada por sorte ou azar e que, como as ondas do oceano, vão e vêm sem um objetivo ou razão – mas, sim, elas são a mais clara expressão de uma vontade suprema que as conduz ao alcance de fins perfeitamente determinados. Somente ao míope podem ficar embaçadas essa orientação e essa intenção do ser supremo; o homem racional, ao contrário, alcançará o sentido e o fim subjacentes nos fenômenos aparentemente casuais. Tal filosofia da História, com essas características, é, naturalmente, o resultado de uma concepção de mundo rigorosamente teológica, que entende cada componente do universo, inclusive os mais significativos, como dotados de um fim pelo Supremo Criador. No terceiro capítulo do primeiro livro *De Monarchia*, Dante diz:

Et ad evidentiam eius, quod quaeritur advertendum, quod quemadmodum est finis aliquis ad quem natura producit pollicem, et alliuns ad hoc ad quem manum totam et rursus, alius ab utroque, ad quem bracchium, aliusque ab omnibus ad quem totum hominem; sic alius est finis ad quem singularem hominem, alius ad quem ordinat domesticam communitatem, alius ad quem civitatem et alius ad quem regnum et denique ultimus ad quem universaliter genus humanum Deus aeternus arte sua, quae natura est, in esse producit.

Como prova da afirmação colocada há que se observar que, assim como o dedo polegar tem sua finalidade cunhada pela natureza, e toda a mão tem outra distinta, e o braço, outra, e o homem completo, outra, diferente das anteriores, também cada homem tem a sua, que é distinta daquela da comunidade local ou do povo, ou da cidade, ou do reino, e, finalmente, diversa da finalidade última, por isso, o Deus eterno, valendo-se de sua arte, que também é a natureza, evoca a existência de toda humanidade como Seu produto.[140]

No bojo de tal concepção teológica de mundo, que por meio de um complicado sistema finalista estabelece uma relação entre o dedo polegar e a humanidade inteira, é evidente que também há que se atribuir ao Estado, como a comunidade humana mais importante, um sentido superior e transcendente à sua própria existência, uma finalidade que vá muito mais além do que seu mero existir. Acrescenta-se a isso que, em virtude do problema escatológico, a teologia, sob cuja jurisdição se encontrava a Filosofia do Estado, teria que se debruçar em uma análise mais pormenorizada do objetivo primordial da vida estatal (Jellinek, *Allg. Staatslehre*, p. 206). Disso pode ser deduzido que a teoria da finalidade do Estado, como compreende a maioria dos publicistas medievais, foi objeto, também em Dante, de uma discussão bastante detalhada. Para responder à questão da finalidade do Estado, Dante, primeiramente, levanta a indagação sobre o objetivo da humanidade. Nesta, ele já aponta, como se pode depreender das passagens citadas

---

[140] Nota 1 no original: Isso é também como creio a única passagem no *De Monarchia* em que se pode encontrar o indício de uma concepção orgânica de Estado.

CAPÍTULO V – A FINALIDADE DO ESTADO

do capítulo anterior, para a confirmação de toda a potência do saber coletivo. E no capítulo IV do primeiro livro *De Monarchia*, ele diz:

> *Satis igitur declaratum est quod proprium opus humani generis totalier accepti est, acctuare sempre totam potentiam intellectus possibilis, per prius ad speculandum et secundário propter hoc ad operandum per suam extensionem.*

Fica, portanto, suficientemente explicado que a própria tarefa do gênero humano, considerado em seu conjunto, é manter a totalidade do patrimônio intelectual em plena potência permanentemente; em um primeiro momento, para especular e, em um segundo momento e por extensão, para trabalhar.

Isso porque o homem, diferentemente de outros seres vivos, é dotado de razão, sendo-lhe inata a aspiração ao conhecimento. O objetivo dessa pretensão ele não pode, todavia, alcançar sozinho; portanto, é necessária a atividade conjunta de toda humanidade, cuja missão é *actuare semper totam potentiam intellectus possibilis*. O Estado tem, segundo Dante, a finalidade de fazer possível, de realizar esse objetivo da humanidade. Logo, é a finalidade universal e objetiva[141] do Estado, que Dante tem em vista, ou seja, ele se pergunta "que finalidade corresponde à instituição do Estado (universal) na economia do acontecer histórico em relação à última determinação da humanidade (objetivo)" (Jellinek). Enxergar a consecução da finalidade do Estado dentro da realização do objetivo da humanidade corresponde perfeitamente ao pleito ideal de uma monarquia universal abrangente de toda a humanidade. Um Estado, cujo povo é a humanidade, precisa fazer do objetivo dela a sua finalidade. Essa meta objetiva e universal do Estado é, ao mesmo tempo, um fim absoluto, ou seja, uma finalidade uniformizada, válida para todos os tempos e para todas as formas possíveis de Estado, e na qual se incluem todos os demais objetivos. A ele se ajustam e nele se

---

[141] Nota 1 no original: Na terminologia de JELLINEK. *Allgemeine Staatslehre*. pp. 205 e ss.

compreendem todas as finalidades de todos os Estados particulares de todas as sociedades civis. *De Monarchia*, livro I, cap.2:

> *Illud igitur, si quid est, quod est finis universalis civitatis humani generis, erit hic principuum, per quod omnia, quae inferius probanda sunt, erunt manifesta sufficienter. Esse autem finem huius civitatis et illus, et non esse unum omnium finem arbitrari stultum est.*
>
> Portanto, se há algo que seja o objetivo da sociedade civil universal do gênero humano, será esse o princípio pelo qual ficará suficientemente claro tudo o que se prove posteriormente; pois admitir que haja uma finalidade para uma sociedade civil e, para outra sociedade, outra finalidade, e não apenas uma finalidade só para todas, é tolo.

Com isso, para que o grande objetivo da humanidade possa ser alcançado, o Estado deve, primeiramente, garantir os três mais importantes pressupostos: paz, liberdade e justiça. Especialmente no tocante à garantia da paz em seu Estado universal, Dante a postula em muitas passagens com palavras eloquentes e poéticas. Somente a tranquilidade da paz (*in quiete sive tranquillitate pacis*) pode se desenvolver o gênero humano para o exercício de atividade que lhe cabe. Disso vêm a saudação do anjo aos pastores: "Paz na Terra!".[142] Por isso, a saudação do Salvador: "Que a paz esteja convosco!".[143] Toda a *Divina Comédia* está impregnada de um profundo anseio pela paz, que se expressa constantemente pelo texto em palavras entusiasmadas.[144]

> *Et per consequens visum est proponquissimum medium, per quod itur in illud, ad quod velut in ultimum finem omnia nostra opera ordinatur, quod est pax universalis.*

---

[142] Nota 1 no original: *De Monarchia*, livro I, cap. 15.

[143] Nota 2 no original: *De Monarchia*, livro I, cap. 15

[144] Nota 3 no original: Cf. *Inferno*, canto I, verso 58; canto V, verso 91; canto VII, verso 66; *Purgatório*, canto III, verso 23; canto XIII, verso 124; canto XXIV, verso 141; canto XXII; *Paraíso*, canto IV, verso 12 e 129; canto XV, verso 145; canto XXVII e "Carta a Henrique VII".

CAPÍTULO V – A FINALIDADE DO ESTADO

Consequentemente, é notório que o meio mais direto para alcançar aquilo a que estão ordenadas todas as nossas obras como finalidade primordial é a paz universal.

Para tanto, Dante concebeu como cabeça de seu Estado universal, idealizado para a realização da paz, o Imperador, como o juiz supremo da paz. Esse anseio pela paz característico de toda vida intelectual de Dante[145] e que também se manifesta na teoria do estado do poeta, era algo generalizado naquela época. O louvor desse ideal de paz, oriundo do espírito do cristianismo, foi desde Agostinho mais e mais entoado e deveria ressoar com cada vez mais força, tão mais as condições políticas externas se distanciassem de sua concretização. Por isso, a *pax* aparece também em todos os publicistas que escreveram na época de Dante como a tarefa mais importante ou mesmo como o único objetivo do Estado. Assim, disse Tomás, *De regimine principum*, livro I, cap. 2:

> *Bonum autem et salus consociate multitudinis est ut ejus unitas conservetur, quae dicitur pax* [...]. *Hoc igitur est ad quod maxime rector multitudinis intendere deet, ut pacis unitatem procuret.*
>
> O bem e a saúde da sociedade consistem na garantia de sua unidade, chamada paz [...]. Isto posto, o reitor do povo tem que aspirar ao máximo a buscar a unidade da paz.

Em termos semelhantes, Engelberto de Admont, *De ortu et fine*, cap. 14:

> *Omnia tamen ista sub una ratione et sub uno nomine pacis includuntur, quae est finis ultimus et principalis, ad quem tendunt omnes hominum communitates, parvae et magnae, maiores et maxime* [...]. *Pax enim est finis propter quem omnis hominum communitatis et societas est constituta.*

---

[145] Nota 4 no original: SCHEFFER-BOICHORST, Paul. *Aus Dantes Verbannung: Literarhistorische Studien*. Strassburg: Trübner, 1882, pp. 3 e ss., destaca este traço fundamental da orientação espiritual de Dante.

Tudo isso se compreende no conceito e sob o nome de paz, que é o objetivo primordial e principal ao qual tendem todas as sociedades humanas, as pequenas, as grandes, as maiores e a máxima [...]. A paz é, com efeito, a finalidade para a qual se constitui toda comunidade e sociedade humana.

E de maneira parecida também no capítulo XIX. Alguns anos depois da aparição do *De Monarchia* de Dante, Marsílio de Pádua escreve na famosa introdução ao *Defensor pacis* as palavras que serão tomadas pela primeira carta das *Variae* de Casiodoro:[146]

> *Omni quippe desiderabilis debet esse tranquillitas, in qua et populi proficiunt et utilitas gentium custoditur. Haec est enim bonarum artium decora mater. Haec mortalium genus reparabili successione multiplicans facultates protendit, mores excolit* [...].
>
> A finalidade de todo reino deve ser a paz, pois é nela que os povos prosperam e que se salvaguarda o bem-estar das nações. A paz é a digna mãe de todas as belas artes. Assegura a continuidade do gênero humano, desenvolve-lhe as faculdades e enobrece os costumes [...].

Chamou atenção a semelhança dessa passagem com o teor de um acordo de paz[147] celebrado com a intermediação de Dante entre o bispo Antônio de Luni e o marquês Malaspina. E esse documento de paz é somente um do numeroso material que comprova o fervoroso anseio de paz característico daquela época conflagrada, expresso nos documentos mais diversos, quase sempre com as mesmas palavras. O

---

[146] CASIODORO. *Monumenta Germaniae Historica:* auctores antiquissimi XII. ed. Theodor Mommsen, Berlin: [S.I], 1894 p.10.

[147] Nota 1 no original: Reproduzido em FRATICELLI, Pietro. *Storia della vita di Dante Alighieri.* 1861, pp. 199 e ss. Cf. também em SCHEFFER-BOICHORST, Paul. *Aus Dantes Verbannung:* Literarhistorische Studien. Strassburg: Trübner, 1882, p. 241.

CAPÍTULO V – A FINALIDADE DO ESTADO

renomado pesquisador sobre Dante, Hermann Grauert[148] cita numerosas passagens de documentos parecidos; assim, por exemplo, de um documento em que o Papa João XXII nomeia o cardeal Bertrand Poyer como legado na Lombardia[149] ou as declarações de paz de Henrique VII e de Clemente V.[150] Também se faz referência aos flagelados, que no ano de 1310 tinham aparecido recentemente, recorrendo às cidades italianas com o grito de "paz e piedade".[151] Então, Dante segue o "anseio geral, que, com a discórdia dominante por todos os lados, se fazia sentir de maneira ainda mais dolorosa, quando ele também faz, de sua parte, em alto e bom som, um chamamento à paz".

Depois da paz, vem a justiça, como a próxima necessidade mais importante da humanidade, como a segunda função do Estado (*De Monarchia*, livro I, cap. 11). Dante vê também no monarca mundial o instrumento mais apropriado para a consecução dessa virtude, uma vez que ao Imperador, como homem situado acima dos outros, não pode faltar ambição de combater o maior risco que ameaça a justiça, ou seja, a cobiça. Junto à paz e à justiça, a liberdade aparece como mais uma função importante do Estado (livro I, cap. 12): *humanum genus, potissime liberum, optime se habent*. O gênero humano se encontra na melhor situação, quanto mais livre possível ele esteja. A liberdade, esse dom supremo, concedido por Deus à natureza humana (*maximum donum humane natura a deo collatum*) repousa, em última instância, sobre o livre arbítrio. Dante define a liberdade civil nos mesmos termos que Aristóteles.[152] [...] *sciendum quod illud est liberumm quod suimet, et non*

---

[148] Nota 2 no original: GRAUERT, Hermann. *Dante, Bruder Hilarius und das Sehnen nach Frieden*. Köln: Bachem, 1899. A consulta deste escrito, que lamentavelmente não se encontra mais nas livrarias, só me foi possível graças à gentileza pessoal do insigne autor, a quem aqui transmito os devidos agradecimentos.

[149] Nota 3 no original: GRAUERT, Hermann. *Dante, Bruder Hilarius und das Sehnen nach Frieden*. Köln: Bachem, 1899, pp. 25 e ss.

[150] Nota 4 no original: GRAUERT, Hermann. *Dante, Bruder Hilarius und das Sehnen nach Frieden*. Köln: Bachem, 1899, pp. 28-30.

[151] Nota 5 no original: GRAUERT, Hermann. *Dante, Bruder Hilarius und das Sehnen nach Frieden*. Köln: Bachem, 1899, pp. 30/31.

[152] Nota 1 no original: ARISTÓTELES, *Metafísica*, livro I, cap. 2.

alterius gratia est ut Philosopho placet [...]. Ser livre é ser o objetivo em si; *et politiae rectae libertatem intendunt, scilicet, ut homines propter sui sint*. As Constituições justas visam à liberdade, ou seja, que os homens existam para si mesmos. "Pois", ele continua:

> os cidadãos não servem aos cônsules, nem o povo ao rei, mas, sim, a relação é inversa, os cônsules servem os cidadãos e o rei ao povo. E assim como o Estado não serve às leis, mas, as leis ao Estado (*non politia ad leges, quinimo leges ad politiam ponuntur*), de maneira que os que vivem segundo as leis não se submetem ao legislador, mas o contrário. Todo senhor, e, sobretudo, o Imperador, só controla a relação com o meio, mas, no tocante à finalidade, ele é um servidor da humanidade (*minister omnium*) e, com isso, ele se torna o melhor condutor rumo à liberdade (*De Monarchia*, livros I e XII).

O pleito de que o Estado seja o realizador da paz, justiça e liberdade caracteriza, em geral, o assim chamado Estado de Direito. Dante afirma em um trecho (*De Monarchia*, livro II, cap. 11) que o fundamento de seu Estado universal é o direito humano (*imperii vero fundamentum jus humanun est*). Ele já chegara a chamar sua monarquia universal de "Estado de Direito da humanidade".[153] Incorretamente, a meu juízo, pois as funções que Dante aponta para o seu Estado são substancialmente mais amplas e abrangentes que os limites do próprio Estado de Direito. Paz, justiça e liberdade, que coincidem com o conceito mais amplo de *jus humanum*, constituem o conteúdo característico da chamada finalidade do Direito, mas que são para Dante, em última instância, um fim instrumental, ou seja, meras condições necessárias para a consecução de um objetivo primordial que se impõe ao Estado abrangente de toda humanidade: *el actuare semper totam potentiam intellectus possibilis*, que, como Kraus assinala com acerto, não significa outra coisa que a

---

[153] Nota 2 no original: WEGELE, Franz Xaver von. *Dante Alighieri's Leben und Werke*. 3ª ed. Jena: Fischer und Mauke, 1879, p. 341.

CAPÍTULO V – A FINALIDADE DO ESTADO

cultura humana.[154] Não à mera consecução do Direito, mas, sim, com objetivo de fomento à cultura que Dante pensa o seu Estado – e ele foi um dos primeiros a reconhecer a ideia moderna de Estado de cultura na Idade Média.[155] Que Dante tivesse não as nações individualmente, mas, sim, o conjunto da humanidade como criador e portador de uma cultura concebida como unitária, sem levar em conta a diversidade das raças, dos ambientes e de fatores semelhantes que necessariamente conduziriam a culturas fundamentalmente diversas; que ele acreditasse que somente por meio de um Estado universal da humanidade como apropriado para realizar essa cultura da humanidade tão sonhada por ele – tudo isso é apenas uma consequência de sua orientação espiritual autenticamente medieval, à qual ele concede em sua obra *Sobre a língua coloquial* a mais bela expressão: "O mundo é minha pátria, como o mar é a dos peixes".[156] Que Dante exige de seu Estado mais do que a mera preservação do *jus humanum*, que ele vai além, sob a influência de Aristóteles, ele defende a concretização do bem-estar comum, o ευ ζην, no sentido mais amplo como uma função do Estado, fica patente em inúmeras passagens. Como em *Convívio* IV, no qual ele fala

---

154 Nota 1 no original: Cf. com a doutrina análoga de Tomás de Aquino: *Politicorum*, livro VII, lição II: "*Et ratio huius est quoniam optimus finis hominis et civitaris est bona actio. Non possunt autem duae vel plurae actiones differentes specie optimae esse. Quare optimus finis hominis est aliqua actio hominis, et illa secundum quam maxime agere dicitur. Maxime autem agere dicitur secundum intellectum speculativum [...]. Quare optima actio hominis est speculatio et per consequens ultimus finis eius*". "A melhor finalidade do homem e do Estado precisa estar de acordo com uma boa ação. No entanto, ela não pode ser duas ou mais ações distintas. Por isso, o melhor objetivo do homem é certa atividade do homem, na qual ele consiga desempenhar o seu máximo possível. O homem atinge o seu máximo quando faz uso da razão especulativa [...]. Por isso, o raciocínio especulativo é a melhor atividade do homem e, portanto, também sua finalidade última. Lição XI: "*Ultimus autem finis uniuscuiusque hominis est contemplatio aliqua alicuius intelligibilis. Et idem est finis totius civitatis*". "O fim último detodo homem é a atividade contemplativa do espírito. E essa também é a finalidadede todo Estado".

155 Nota 2 no original: KRAUS, Franz Xaver. *Dante, sein Leben, sein Werk, sein Verhältnis zur Kunst und zur Politik*. Berlin: Grote, 1897, p. 689. Cf. também STEDEFELD. "Über Dantes Auffassung von Staat, Christentum und Kirche". In: *Jahrbuch der Deutsch. Dante-Gesellschaft*, vol. 3, 1871, pp. 179-221.

156 Nota 1 no original: ALIGHIERI, Dante. *De vulgari eloquentia*, livro I, cap. 6.

da "necessidade de uma civilização humana", "a qual persegue como finalidade a vida feliz"; ou no capítulo IX do mesmo livro, quando ele diz: "a autoridade imperial foi pensada para que a plenitude da vida humana fosse alcançada". Por "plenitude da vida humana" ele não entende exatamente o mesmo que Aristóteles com o seu ευ ζην. Seu ideal de felicidade está essencialmente imbuído pelo cristianismo. Em relação a isso, sua teoria dos dois tipos de felicidade segue, como já se foi dito anteriormente, a autoridade paradigmática no terreno teológico de São Tomás de Aquino. A exposição dessa teoria é necessária para uma compreensão cabal da Teoria do Estado de Dante, uma vez que ela trata de delimitar o objetivo do Estado perante as funções da Igreja, ou seja, de delinear as fronteiras entre os dois poderes.

Ao argumentar que o monarca do mundo não depende da autoridade do Papa, mas, sim, diretamente de Deus, Dante diz no capítulo XVI do terceiro livro do *De Monarchia* mais ou menos o seguinte: a natureza do homem é dupla: espiritual e corporal; o homem está por igual dividido entre dois mundos (*medium duorum haemisphaeroum*), o transitório e o eterno, reunindo em si a natureza de ambos, pois seu corpo é mortal, mas sua alma é eterna. Uma vez que toda natureza está orientada a um fim último (*cum omnis natura ad ultimum quendam finem ordinetur*), se segue a dupla natureza do homem, o qual está sempre orientado a duas finalidades, uma por ele ser um ente corruptível e outra por ser incorruptível (*sic solus inter monia entia in duo ultima ordinetur, quorum alterum sit finis eius prout corruptibilis est, alterum prout incorruptibilis*). A busca por esses dois objetivos significa, por um lado, a inclinação pela felicidade terrena dessa vida (*beatitudinem scilicet huius vitae*), que consiste na confirmação da própria força, sendo identificada com o paraíso terreno (*et per terrestrem Paradisium figuratur*) e, por outro, pela felicidade da vida eterna (*beatitudinem vitae aeternae*), a qual consiste no gozo da perspectiva da divindade, que não se pode alcançar com a própria força, mas somente com a ajuda da iluminação divina, entendendo-se como o paraíso celestial. Dois caminhos diferentes levam a dois objetivos distintos. O primeiro alcançamos por meio das doutrinas filosóficas (*per philosophica documenta*), quando agimos conforme as forças morais e intelectuais. O segundo atingimos mediante a instrução

CAPÍTULO V – A FINALIDADE DO ESTADO

espiritual, que transcende a razão humana (*per documenta spiritualia quae humanam rationem transcendunt*) por meio da fé, da esperança e do amor. Entretanto, esses dois objetivos primordiais podem faltar ao homem que, distraído pelas tentações, precisa, obrigatoriamente, assim como o cavalo, de um freio e embocadura que o mantenham no caminho correto (*nisi homines tamquam equi sua bestialitate vagentes, in carno et freno compascerentur in via*).

Por isso, o homem requer, para cumprir com o duplo objetivo que lhe é próprio, um duplo direcionamento: a Igreja (o Papa), que conduz o gênero humano à vida eterna segundo a verdade revelada; e o Estado (o imperador), que deve levar o gênero humano à felicidade terrena.

Propter quod opus fuit homini duplici directivo secundum duplicem finem: scilicet summo Pontifice, qui secundum revelata humanum genus produceret ad vitam aeternam; et Imperatore, qui secundum philosophica documenta genus humanum ad temporalem felicitatem dirigeret.

Essa é a teoria de Dante das duas felicidades, cuja influência de Tomás de Aquino já havia sido mencionada e que reaparece de forma muito similar em Engelberto de Admont, o que levou, dentre outras coisas, a supor um intercâmbio recíproco entre o poeta e o abade de Admont.[157]

---

[157] Nota 1 no original: Comparativamente, são apresentadas aqui as teorias de Tomás de Aqui e de Engelberto de Admont sobre a dupla felicidade: Tomás de Aquino, *De regimine principum*, livro I, cap. 14: "*Ad hoc enim homines congregantur sunt ut simul bene vivant, quod consequi non potesti unusquisque singulariter vivens. Bona autem vita est secundum virtutem (la bona vita secundum virtutem constitui a beatitudo huius vitae)* [...]. *Sed quia homo vivendo secundum virtutem ad ulteriorem finem ordinatur, qui consistit in fruitione divina ut supra Jam diximus; oportet eundem finem esse multitudunis humanae, qui est hominis unius. Non est ergo ultimus finis multitudinis congregatae vivere secundum virtutem, sed per virtuosam vitam pervenire ad fruitionem divinam. Si quidem autem ad hunc finem pervenire posset virtute humanae naturae, necesse esset ut ad officium Regis pertineret dirigere homines in hunc finem. Hunc enim dici regem supponimus cui summa regiminis in rebus humanis committitur* [...]. *Sed quia finem fruitionis divinae non consequitur homo per virtutem humanam, sed virtute divina* [...]. *perducere ad illum finem non humani erit sed divini regiminis* [...]. *Huius ergo regi ministerium, ut a terrenis essent spiritualia distincta,*

non terrenis regibus sed sacerdotibus est commissum, et praecipue summo Sacerdoti, succesori Petri, Christi vicário, Romano Pontifici, cui omnes reges populi christiani oportet esse subditos sient ipsi Domino Jesu Christo". "Pois, para isto, se reúnem os homens, para viver juntos e felizes, o que o indivíduo não conseguiria, caso vivesse só. A vida boa é aquela conforme sua virtude [...]. No entanto, dado que o homem, na medida que vive virtuosamente, está fadado a uma finalidade superior, que consiste na fruição divina, como se havia dito, também o objetivo da sociedade humana tem que ser o mesmo que o do homem individualmente. Portanto, viver virtuosamente não é o objetivo da sociedade humana, mas, sim, chegar à fruição de Deus por meio de uma vida virtuosa. Para alcançar esse fim mediante as forças da natureza humanas, seria necessário obedecer ao mandato de um rei. A rei se chama aquele que confere a condução suprema dos assuntos humanos [...]. No entanto, o homem não alcança sua finalidade de desfrutar de Deus mediante a virtude humana, mas sim por meio da virtude divina [...]. Não é assunto de um líder humano, mas senão do líder do governo divino, conduzir o homem para a consecução de seu objetivo [...]. Para que o espiritual se diferencie do terreno, a majestade desse reino não deve ser conferida aos reis temporais, mas aos sacerdotes, principalmente, ao sumo sacerdote, o sucessor de Pedro, o vigário de Cristo, o arcebispo Romano, a aquele ao qual tem que estar submetidos todos os reis dos povos cristãos como ao próprio Jesus Cristo".

E no *Summa theologiae*, primeira e segunda parte, *Quaestio 2-5*.

Engelberto de Admont: De ortu et fine imperii Romani, cap. 17: "*Sicut est duplex vita, scilicet praesens, quae de sua conditione est mutabilis et transitória; et futura quae est inmutabilis et aeterna; sic est etiam duplex miséria et duplex beatitudo; scilicet praesens, quae per consequens est mutabilis etiam et transitória, et futura, quae est immutabilis et perpetua beatitudo [...]. cum ad felicitatem (beatitudinem) quancunque praesentis vitae omnes hominis tendant et intendant et ad ipsam consequendam humana omnia ordinentur; et status hominium ipsa natura ordinaverit secundum gradum minus perfecti et magis perfecti; felicitas autem sit status perfectionis humanae vitae, quam Nemo attingere potest nisi perfectus, imperfectus vel minus perfectus non possit fieri perfectus nisi per aliquem perfectionem: proinde monis status et conditio hominum in praesenti vita exigit subalternationem esse in singulis et omnibus secundum gradum subjectionis et praelationis, ut subditi et subjecti per praelatos tanquam perfectiores ad perfectionem felicitatis huius vitae perducantur* [...]. (o objetivo das uniões de autoridades, família, comuna e reino, é a consecução da felicidade) [...]. *ultima et excellentissima est felicitas imperii, ad quam ordinatur felicitas gentium et regnorum, mediante ordine subjectionis, quam habent et habere debent omnia regna ad Imperium, in cuius felicitati tanquam universali et pro tanto uma et ultima ac optima consistit salus et felicitas omnium*". "Assim, há uma vida dupla: a presente, que por natureza é mutável e transitória, e a futura, que é imutável e eterna. Como também há uma dupla miséria e uma dupla felicidade: a presente, que é mutável e transitória, e a futura, que é imutável e eterna [...]. À felicidade desta vida aspiram todos os homens, sendo que todo homem está ordenado para a consecução deste objetivo; a natureza fez o homem mais ou menos perfeito; mas a felicidade é um estado de perfeição da vida

CAPÍTULO V – A FINALIDADE DO ESTADO

Claramente se depreende da teoria de Dante que ele estava longe de deslocar a tarefa de seu Estado, que para ele era uma imagem da ordem celestial do mundo, para os estreitos limites dos objetivos do Direito; mais do que isso, ele via como a função suprema do Estado a realização da felicidade terrena dos cidadãos fundada na cultura.

A teoria da finalidade do Estado parece ser o lugar adequado para analisar com algum detalhamento o modo com que Dante concebeu a relação do Estado com o indivíduo. É uma decorrência do cristianismo em Dante que, ante as teorias da Antiguidade, em particular de Aristóteles, as fronteiras entre as competências do Estado e do indivíduo se desloquem em favor deste. A influência do cristianismo já fora mencionada acima.[158] É natural que Dante não conseguisse se desvincular dessa influência, embora sua obra se conecte com a Teoria do Estado dos clássicos em uma medida maior que a maioria dos publicistas medievais, constituindo assim um ponto de partida da teoria moderna. Ele estava demasiadamente consumido por um espírito da escolástica e da fé cristã para não continuar ostentando a ideia de uma finalidade divina do indivíduo, autônomo, alheio e superior à vida em comum dentro do Estado.[159] O direito de personalidade também não era para Dante o símbolo de um Estado onipotente, mas, sim, que estava baseado na vontade de Deus, uma autoridade alheia ao Estado, aliás, que estava muito acima do Estado. Por isso, é evidente que as competências do Estado precisam sofrer restrições. Da própria teoria das duas felicidades, mencionada anteriormente, se deriva que o Estado não cumpre função alguma no terreno religioso-espiritual. Uma subordinação ao Estado nesse assunto parece absurda. O conceito de liberdade cristã leva também

---

humana que só podem alcançar os perfeitos, e os imperfeitos ou menos perfeitos, somente por meio dos mais perfeitos. Por isso, entre os homens tem que haver na vida terrena supra e subordinação, para que os subordinados sejam levados por seus superiores, como os mais perfeitos, à perfeição da felicidade terrena [...]. A última e excelentíssima felicidade é a do Império, cuja felicidade, por ser universal e, por isso, única e última, é a saúde e a felicidade de todos".

[158] Nota 1 no original: Cf. *supra*, cap. 2
[159] Nota 2 no original: Cf. GIERKE, Otto Von. *Das deutsche Genossenschaftsrecht*. 3ª ed. Berlin: Weidmann, 1881, p. 517.

em Dante, para além das fronteiras do religioso, à existência de uma liberdade geral de consciência. Nesse sentido, se manifesta Dante no capítulo IX do quarto livro de *O Banquete*, no qual, depois de ter falado genericamente da "arte imperial" e da atividade privativa do Imperador, ele contradiz uma definição de nobreza atribuída a Frederico II:

> Portanto, é evidente que definir a nobreza não compete à arte imperial e, em não lhe competindo, ao tratarmos dela não devemos nos submeter a ela, e não estando subordinados a ela, não somos obrigados a lhe render deferências [...] por isso, agora, sem nenhuma cerimônia podemos derrubar aquela velha opinião e sacudi-la no chão para que, com isso, a verdadeira, graças à minha vitória, campeie na mente daqueles, pelos quais a luz da verdade se mantém em vigor.

Em relação a isso: *De Monarchia*, livro I, cap. 14: *principuum primum nostrae libertatis est libertas arbitrii, quam multi habent in ore, in intellectu vero pauci*. Se, com isso, por um lado, se cria para o indivíduo, no tocante à religião e à ciência, uma esfera livre do Estado, espaço no qual a autoridade estatal nada pode fazer juridicamente sobre os indivíduos, por outro lado, nas competências soberanas reservadas ao Estado se exige a estrita submissão dos cidadãos às leis. O que ali se proíbe é aqui a virtude suprema. Na obediência dos súditos às ordens do Estado, às leis, Dante não vê escravidão ou servidão, mas, sim, a liberdade suprema! Na "Carta aos florentinos" do ano de 1311, diz o poeta:

> Não vês como a paixão [...]. os submete à servidão, à lei do pecado e os impede de obedecer às leis santas que são a imagem da justiça natural e cuja observância, quanto é voluntário e livre, não apenas não pode ser chamada de servidão, mas, sim, o contrário, se bem analisada, ela se revela a suprema liberdade. Pois, o que é senão o livre arbítrio da vontade? É precisamente isso que asseguram as leis a seus súditos.

O capítulo V do segundo livro *De Monarchia* demonstra a notável influência exercida pelos clássicos nos ideais éticos de Dante, pois

CAPÍTULO V – A FINALIDADE DO ESTADO

ali ele celebra com palavras entusiasmadas a virtude daqueles grandes romanos "que com suor, com a pobreza, com o desterro, com a perda de seus filhos, com a amputação de seus membros e, inclusive, com a entrega de sua vida, buscaram a consecução do bem público". E no capítulo 8 do mesmo livro, ele declara, recorrendo à *Política* e à *Ética*, de Aristóteles,[160] que o homem tem que entregar-se ao bem da pátria. Se a parte tem que se sacrificar pelo bem do todo, assim o homem, que é uma parte do Estado, tem que se sacrificar por sua pátria, "de certo modo", acrescenta Dante, "como o menos bom se sacrifica pelo melhor" (*tamquam minus bonum pro meliori*). Para essa concepção, absolutamente clássica, da relação entre o indivíduo e o Estado, não apenas foi determinante, no caso de Dante, a influência de Aristóteles, como também ainda mais a Constituição fortemente republicana de Florença, da qual o poeta havia participado ativamente.[161] A política extremamente democrática da cidade natal de Dante propiciou a ele uma concepção de Estado mais rigorosa e nítida do que se poderia procurar pela Idade Média. Indubitavelmente, as circunstâncias políticas de Florença guardavam grandes semelhanças com as dos clássicos, particularmente com as dos gregos da época de Aristóteles. Em função disso, vem a notável receptividade de Dante a soluções "à moda antiga" das questões mais candentes – somente com as modificações estritamente necessárias impostas pelo cristianismo, por óbvio.

---

[160] Nota 1 no original: ARISTÓTELES. *Ética nicomáquea*, livro I, cap.1; *Política*, livro I, cap. 2.
[161] Nota 2 no original: Cf. *supra*, cap. 1.

CAPÍTULO VI
A FORMA DE ESTADO

A posição da Idade Média em relação à teoria das formas de Estado – As formas de Estado não monárquicas de Dante – A monarquia – Argumentos teológicos, filosóficos e políticos para a primazia da monarquia – Formas de convocação do monarca

A teoria das formas do Estado sofreu pouca ou quase nenhuma influência do conjunto da teoria medieval do Estado. Só muito raramente se fazia alguma distinção ou caracterização jurídica das possíveis formas singulares de Estado.[162] É verdade que em muitos publicistas se encontra uma reprodução mais ou menos detalhada da teoria aristotélica das formas de Estado; em geral, esses argumentos não têm grande significado para essa teoria, uma vez que sempre chegam à conclusão pela prevalência da monarquia e enumeram várias de suas vantagens perante outras formas de Estado, tendo um sentido muito mais político do que jurídico. No entanto, do ponto de vista da concepção medieval que, precisamente, considera o Estado, em contraposição aos clássicos

---

[162] REHM, Hermann. *Geschichte der Staatsrechtswissenschaft*. Leipzig: Mohr, 1896, p. 179.

– não como um poder mas, sim, como um produto do Direito –, uma diferenciação jurídica das formas de Estado se faz necessária. A discussão das formas singulares de Estado fracassou, por mais inquestionável que fosse a autoridade do Estagirita, visto que seu ideal de *polis* era incompreensível na Idade Média. O cristianismo, por um lado, com sua submissão a um Deus único, e a incorporação por séculos a fio pelo reino germânico, por outro, fizeram que a forma monárquica de Estado fosse considerada a única possível em contraposição às outras formas de Estado – das quais se tinha apenas algumas vagas ideias na Idade Média.[163] Com exceção de poucos autores (Patrício Senense e Pedro de Andlau),[164] ninguém pôs em dúvida a excelência da monarquia. Isso explica por que somente esta forma de Estado foi objeto de uma análise mais detida e recebeu uma fundamentação mais profunda e independente das teorias clássicas.[165]

A posição de Dante na questão das formas de Estado é a típica de toda teoria do Estado na Idade Média. Também não há rastro de um tratamento fundamentado por nosso poeta quanto à matéria. A forma monárquica de Estado concentra quase que seu interesse exclusivo. Somente na *Divina Comédia*, ele irá se ocupar também da democracia, mas unicamente para censurar com duras palavras suas desvantagens e sem levar a cabo uma análise objetiva dessa forma de Constituição, o que o obrigaria a abandonar seu ponto de vista marcadamente aristocrático-imperial. Ele é muito propenso a imputar ao regime democrático as graves desavenças da vida pública e privada de sua cidade natal que ali imperava e não, por exemplo – o que seria certamente mais correto –, às características raciais de seus cidadãos.[166] Até certo ponto, ele leva

---

[163] Nota 1 no original: Cf. STAHL, Friedrich Julius. *Geschichte der Rechtsphilosophie*. 2ª ed. Heidelberg: Mohr, 1847, p. 68.

[164] Nota 2 no original: Patrício Senense, *De instituitione Reipublicae*, livro I, cap. 1; Pedro de Andlau, *De imp. Rom. Germ.*, I, 8.

[165] Nota 3 no original: Cf. MIRBT, Carl. *Die Publizistik im Zeitalter Gregors VII*. Leipzig: Hinrichs, 1894, p. 546.

[166] Nota 4 no original WEGELE, Franz Xaver von. *Dante Alighieri's Leben und Werke*. 3ª ed. Jena: Fischer und Mauke, 1879, p. 570.

CAPÍTULO VI – A FORMA DE ESTADO

isso em consideração, especialmente, quando polemiza reiteradamente contra a miscigenação da população local com imigrantes camponeses e famílias nobres. Assim está em *Paraíso*, canto XVI, verso 67:

> *Sempre la confusion delle persone / Principio fu del mal della cittade, / come del corpo il cibo che s'appone.*
>
> Na confusão entre o povo se encontra sempre / Ao primeiro sinal de decadência da cidade / Que de refeição em refeição nossa carne ameaça.

Em geral, ele tem a democracia como a origem de todos os males.[167] O que Dante amaldiçoa são as desvantagens conhecidas dessa forma de Constituição. O partidarismo, que perturba a evolução pacífica, e o amplo acesso aos cargos públicos, que permite que os imaturos e incapazes adquiram certa influência e que converte as honras do Estado em objeto de uma competição aberta e desleal. O que Dante condenava, porém, com maior veemência era, principalmente, as contínuas reformas da Constituição,[168] esse fenômeno colateral necessário em uma forma de Estado voltada a acomodar as mínimas oscilações da instável vontade popular, pois todas as reformas estavam ligadas à insegurança permanente de todas as relações públicas.[169] Como já fora falado, em Dante falta uma investigação científica completa da democracia ou de qualquer forma de Estado não monárquica – por exemplo, uma tentativa própria de classificação das distintas formas de Estado de acordo com um determinado ponto de vista. Também seu escrito *De Monarchia* não traz nada sobre isso. Ele não fala nada de nenhuma outra forma a não ser da monárquica. Somente em uma única passagem (*De Monarchia*, livro I, cap. 12) ele se refere com algum detalhe à aristocracia

---

[167] Nota 5 no original: WEGELE, Franz Xaver von. *Dante Alighieri's Leben und Werke*. 3ª ed. Jena: Fischer und Mauke, 1879, pp. 554 e ss.

[168] Nota 1 no original: Philalethes conta dezessete reformas constitucionais em Florença entre 1213 e 1307.

[169] Nota 2 no original: Todos esses defeitos foram compilados por Dante em *Purgatório*, canto VI, versos 76-151.

e à democracia. No curso de sua argumentação de que somente sob uma monarquia universal poderiam os homens desfrutar da liberdade que lhes é inerente, ou seja, que somente nessa forma de Estado eles alcançariam o objetivo de sua existência, diz ele:

> *Genus humanum, solum imperante Monarcha, sui et non alterius gratia est. Tunc enim solum politiae diriguntur obliquae, democratiae scilicet, oligarchie atque tyrannides, quae in servitutem cogunt genus humanum, ut patet discurrenti per omnes, et politizant reges, aristocratici, quos optimates vocant, et populi libertatis zelatores. Quia quum Monarcha maxime diligat homines, utiam tactum este, vult omnes homines bono fieri, quod esse non potest apud oblique polizitantes. Unde Philosophus in suis Politicis ait: quod in politia obliqua bonus homo est malus civis, in recta vero bonus homo et civis bonus convertuntur. Et huius modi politiae rectae libertatem intendunt.*

Somente governado por um monarca é que o gênero humano se realiza por si e não pela graça de outro, pois, então, só quando a humanidade encontra seu caminho, podem ser consertados os regimes políticos oblíquos (no sentido de desviante, podendo significar crítico ou desconfiável), especificamente: a democracia, a oligarquia e as tiranias, as quais submetem os homens à servidão, como fica patente a quem as examina, e nas quais governam reis e aristocratas, chamados de *optimates*, e os defensores da liberdade do povo.[170] Uma vez que é o monarca quem mais ama os homens, como já fora dito, que quer que todos os homens sejam

---

170 Nota 1 no original: Essa frase é altamente obscura. Talvez, se possa até dar algum sentido a ela, aceitando-se que ela se refere à relação do monarca com os distintos príncipes. O sentido seria então: as piores constituições das uniões inferiores são corrigidas com a colocação de um monarca acima de todos. Uma ideia análoga seria possível encontrar, então, no início do capítulo seguinte (I, 13): *"ille, qui postest esse optime dispositus ad regendum, optime alios disponere potest"*. Quem é mais apto a governar, ou seja, o *Monarcha mundi*, pode também, melhor do que ninguém, dispor de outros (isto é, dos distintos príncipes) para ele (para governar). Quanto a *politizant* adverte WITTE (Karl. In: ALIGHIERI, Dante. *De Monarchia*. ed. de Karl Witte, Vindobona: [S. I.], 1874, nota de rodapé, p. 24): *"Verbum barbarum mihique novum, quo regnare et civitati praesse significari puto"*.

CAPÍTULO VI – A FORMA DE ESTADO

bons, o que não é possível sob um governo desviante.[171] Por isso, disse o Filósofo, em sua *Política*, que, em uma *polis* desviada, o homem bom é um mau cidadão e, na *polis* correta, coincidem as figuras do bom homem com o bom cidadão. Dessa forma, as *polis correctas* aspiram à liberdade.

O sentido dessa passagem, que é um tanto obscura e tem sido objeto de distintas traduções, é, segundo Kraus, mais ou menos o seguinte: as constituições ruins se baseiam no princípio da exploração (*oblique*) e da opressão; as boas, no princípio da liberdade. A monarquia também é uma forma justa de Constituição porque ela faz coincidir, como disse Aristóteles sobre as boas Constituições, as figuras do bom cidadão com o homem bom, dado que o monarca quer converter os súditos em homens bons. O monarca, que ama ao máximo os homens, pode também, graças à sua posição suprapartidarista, opor-se a certos excessos do egoísmo e da exploração, como exige a condição para uma Constituição ser justa. Essas explicações de Dante se baseiam na famosa teoria aristotélica das três formas justas de Constituição e suas degenerações, contida no terceiro livro de *Política*. São justas aquelas que aspiram ao bem comum, ou seja, a monarquia, a aristocracia e a *politeia*, desde que se preocupem com o bem comum de um indivíduo, de uma minoria ou de uma multidão; degenerações (παρεκβαδιζ) são aquelas que visam ao benefício próprio dos governantes: da monarquia, o tirano; da aristocracia, a oligarquia; da *politeia*, a democracia. Em outros trechos (*De Monarchia*, livro III, cap. 4), Dante fala de "tiranos

---

[171] Nota 2 no original: Cf. em relação a Tomás de Aquino, *De regimini principum*, livro I, cap. 4, no qual se diz dos tiranos em contraposição com o rei legítimo: "*Tyrannis enim magis boni quam mali suscepti sunt semperque his aliena virtus formidolosa est. Conantur igitur praedicti tyranni ne ipsorum subditi virtuosi effecti manganimitatis concipiant sipiritum et eorum iniquam dominationem non ferant*". E em *Politicorum*, livro III: "*Quare manifestum est quod bona et vera civitas et non secundum sermonem tantum debet esse sollicita de virtute, ut faciat cives virtuosos*". "Aos tiranos os bons são sempre mais suspeitos que os maus, as virtudes dos outros são para eles sempre um temor. Por isso, os tiranos cuidam para que os súditos não sejam virtuosos e concebam um espírito valente e não tolerem mais esse domínio injusto". "Por isso, é evidente que um Estado bom e autêntico, e não somente no nome, tem que se preocupar com a virtude para fazer virtuosos seus cidadãos".

que não exercem o direito público para o proveito comum, mas, sim, para desviá-lo para seu próprio proveito" (*Tyrannis, qui Publica jura non ad communem utilitatem sequuntur, sed ad proprium retorquere conantur*), uma afirmação que segue a linha da explicação feita anteriormente. Isso é tudo que Dante tem a dizer sobre outra forma de Estado que não seja a monarquia; pouco e nada original! A forma de Estado monárquica, ao contrário, encontra em Dante um tratamento pormenorizado e uma fundamentação profunda. Todos os argumentos favoráveis à predileta forma de Constituição que foram se acumulando ao longo da Idade Média convergem aqui em seu ponto focal para um pensador genial, sendo expostos com expressiva ênfase e inspiração poética.[172] O ardor, o entusiasmo com que Dante defende a monarquia se explica em grande parte por sua convicção de que somente sob essa forma de Estado seu grande ideal político poderia ser concretizado: o Estado universal temporal. Todos os perspicazes fundamentos, todos os argumentos lógicos que contam a favor da forma de Constituição monárquica estão sempre a serviço, em última instância, de seu Império universal e só se explicam na relação com ele. Que eles, embora visivelmente aplicáveis a somente uma forma Estado específico, possam ser aproveitados para uma Teoria Geral do Estado de Dante, explica-se pelo fato de que, por um lado, os argumentos utilizados são de caráter tão geral que poderiam ser empregados, sem maiores alterações, para qualquer forma de Estado, e, por outro, porque essa espécie de monarquia universal – como se pode perceber nos trechos anteriores – era o único Estado que Dante reconhecia como virtuoso, o único que poderia ser tido em tal consideração; em outras palavras, era seu Estado ideal, seu Estado κατ› εξοχην [por analogia].

Uma definição não da forma monárquica de Estado como tal, mas, sim, da monarquia do Estado universal, Dante oferece em *De Monarchia*, livro I, cap. 2:

---

[172] Nota 1 no original: Nota-se até, sem dúvidas, um exagero de Kraus, quando, na passagem antes citada (p. 679), ele diz: "Dante compreendeu [...] o valor intrínseco e as vantagens da monarquia mais claramente do que nenhum homem da Idade Média".

CAPÍTULO VI – A FORMA DE ESTADO

Primum igitur videndum, quid est quod temporalis Monarchia dicitur, typo ut dicam et secundum intentionem. Est ergo temporalis Monarchia, quam dicunt imperium, unicus principatus et super omnes in tempore vel in iis et super iis, quae tempore mensurantur.

Primeiramente, há que se entender a monarquia temporal por seu conceito e seu intuito. A monarquia temporal, chamada de império, é um principado único e que está acima de todas as autoridades temporais ou, em geral, acima de tudo que está subordinado à medida do tempo.

Dessa definição de império temporal obtemos para o conceito geral, de um lado, a característica do governo de um único monarca e, por outro, a delimitação aos assuntos temporais, ou seja, mundanos, em oposição aos espirituais, eternos, que ficam a cargo da Igreja. Grande parte do primeiro livro *De Monarchia*, cuja função é evidenciar que o Império universal é imprescindível para o bem da humanidade, se dedica à demonstração da excelência da forma monárquica de Estado. As razões apontadas por Dante em favor de um governo de um único monarca são de natureza teológica, filosófica e política.

Uma concepção geralmente difundida na Idade Média é a de um Estado unitário de Deus, abrangente de tudo que é existente. Segundo essa perspectiva, o universo aparece como um reino infinito, sob o governo de um ente único, articulado em seu interior de acordo com o princípio da supra e da subordinação e regido por Deus como seu monarca. Dante também compartilha dessa visão da monarquia, abrangente de todo universo. Ele chama Deus de *"princeps des Universum"* (*De Monarchia*, livro I, cap. 7) e em um trecho (*Paraíso*, canto XXV, verso 41) equipara os apóstolos com condes e barões. Assim, mesmo no governo terreno, qualquer que seja a forma que se lhe exercesse, ele é só uma representação mais ou menos perfeita do governo de Deus, sendo que toda autoridade, também a temporal, é direta ou indiretamente desejada e estabelecida por Deus. E se uma autoridade se estabelecesse por eleição, então se pode perceber que os eleitores são um instrumento da vontade divina. *De Monarchia*, livro III, cap. 15: *"Quod si ita est, solus eligit Deus, solus ipse confirmat, cum superiorem non habet. Ex quo haberi postest ulterius, quod Nec isti, qui nunc, nec alii cuiuscumque modi dicti fuerint Electores sic aiendi sunt, quinpotius denunciatores divinae providentiae sunt habendi.*[173] Dado que a ordem terrena deste mundo somente é, ou deve ser, um reflexo da ordenação divina do universo (*cumque dispositio mundi huius dispositionem inhaerentem Coelorum circulationi sequatur, De Monarchia,* livro III, cap. 16), a forma monárquica de Estado, por analogia com a monarquia infinita de Deus, se impõe por necessidade para a união da humanidade na terra – e tanto para a união da toda humanidade quanto para a união de suas partes.[174] Essa ideia da analogia do governo divino do mundo constituiu durante toda Idade Média, e também em Dante, o argumento teológico mais importante em favor da superioridade da forma monárquica de Estado.[175] Os outros agrupamentos de natureza teológica utilizados por Dante são variações em maior ou menor medida vinculadas a esta tese fundamental; assim, ele diz: o governo de só um monarca é melhor, porque Deus quer um governo assim. Visto que Deus, em função de sua infinita bondade, só quer o melhor. Deus querer o governo de um monarca é consequência de sua intenção de que tudo carregue tanta semelhança divina quanto possa caber em sua própria natureza (*de intentionem Dei est ut omne in tantam divinam similitudinem*

---

[173] "Isto é assim, só Deus escolhe, só Ele confirma, pois ele não tem superior. Do que se pode concluir que não se podem chamar de eleitores aqueles que agora o são assim chamados, nem que eles o foram no passado, mas, sim, eles são reveladores da vontade divina".

[174] Nota 1 no original: Cf. GIERKE, Otto Von. *Das deutsche Genossenschaftsrecht*. 3ª ed. Berlin: Weidmann, 1881, pp. 557 e ss.

[175] Nota 2 no original; Cf. Tomás de Aquino, *Politicorum*, livro III, lição 12: *"Iterum in Universo est unus princeps. Principatus autem universi unus et optimus est, quare in civitate qui magis uns et melior est accedit magis ad similitudinem principatus universi et naturalis. Ergo ille principatus erit melhor, in quo erit unus princeps"*. "Ademais, há no Universo somente um príncipe. O principado do universo é uno e ótimo. Por isso, o Estado atende mais a quem é mais uno e melhor, como acontece no principado do universo e na natureza. Consequentemente, o melhor é o principado em que apenas um é o príncipe". E *De regimine principum*, livro I, cap. 2, no qual se diz para fundamentar o governo de apenas um monarca: *"Est etiam apibus unus rex et in Toto Universo unus Deus factor et rector"*. "Também as abelhas só têm um rei e em todo o universo é só um Deus o criador e reitor de todos".

CAPÍTULO VI – A FORMA DE ESTADO

repraesentet, in quantam própria natura recipe potest).[176] Ter similitude com Deus significa ser uno no maior grau possível [...] *maxime Deo adsimilatur, quando maxime est unum* – porque a verdadeira unidade só pode ser encontrada em Deus. E só se está mais perto da unidade sob um único príncipe (*uni principi subjacens*). No capítulo seguinte (livro I, cap. 9), ele continua sustentando que convém ao filho seguir as pegadas de seu pai perfeito enquanto lhe seja permitido pela própria natureza. O gênero humano seria o filho celestial, o mais perfeito em toda atividade e regido em todas as suas partes por um único movimento, a força primordial móvel, e por um único motor, Deus. O mesmo vale para as pessoas: o governo de só um, da forma monárquica de Estado, e a partir, novamente, de uma analogia com o governo mundial divino.

Dante traz mais um argumento teológico, o qual nos assombra com tamanha ingenuidade, tipicamente medieval, e ilustra perfeitamente o modo de pensar daquela época, inteiramente condicionado pela religião. Já no quarto livro de *Convívio,* capítulo 5, diz Dante que, na vinda de Cristo ao mundo, "não apenas o céu como também a terra teriam que estar na mesma disposição", e naquele período o mundo se encontrava sob o regime monárquico de Augusto. No *De Monarchia,* livro I, cap. 16, diz o poeta:

> *Rationibus omnibus supra positis experientia memorabilis attestatur status videlicet illius mortalium, quem dei filius in salutem hominis hominem adsumpturus, vel expectavit, vel quum voluit ipse disposuit.*
>
> Uma experiência singular atesta todas as razões expostas anteriormente, a de que, em virtude da situação dos homens, o Filho de Deus, que se fez homem para a salvação dos homens, ou a aguardou ou, quando quis, lhe colocou em funcionamento.

A humanidade encontrava-se nessa situação ideal sob o principado de Augusto, durante a vigência da monarquia perfeita (*sub divo Augusto*

---

[176] Nota 1 no original: *De Monarchia*, livro I, cap. 8.

Monarcha existente perfecta Monarchia). E em *Convívio,* livro IV, cap. 5, ele diz (em referência à época de Cristo):

> Jamais o mundo havia estado nem estará novamente em tão perfeita disposição como naquele momento, quando esteve regido pela vontade de um único senhor e comandante do povo romano, como testemunha o evangelista Lucas. E, por isso, se havia a paz generalizada por todas as partes.

Que Cristo nascera em um Estado monárquico bastava à Idade Média para considerar essa forma de Estado como a melhor. O argumento do nascimento de Cristo durante a dominação romana do mundo é encontrado em muitos publicistas medievais. Podendo ainda ser encontrado nas leituras dentre os fundadores da Igreja. No capítulo sobre a justificação do Estado, no qual vimos Dante expor esse argumento para justificar a dominação romana, tivemos a oportunidade de trazer uma passagem semelhante de Jordano de Osnabrück. Aliás, Engelberto de Admont também utiliza esse raciocínio nos mesmos termos que Dante. Em *De ortu et fine,* cap. 20, ele diz:

> [...] *finis, quo (Imperium Romanum) perductum est, ut in summum statum suum poneretur, fuit tempore Octaviani imperatoris, ante quem et post quem sub neullo regnum vel imperatorum Romanum regnum seu imperium ad tantum culmen pervenit: cuius anno quadragesimo secundo Dominus noster Jesus Christus natus fuit, toto Romano orbe sub uno príncipe pacato et descripto ad censuru.*
>
> [...] o Império Romano alcançou seu apogeu nos tempos do Imperador Otávio; nem antes nem depois de ele ter chegado ao poder, nenhum outro rei ou imperador galgou tamanha façanha; em seu quadragésimo segundo ano nasceu nosso senhor Jesus Cristo, o que trouxe em todo o círculo romano a paz e o reconhecimento da sujeição.

Ainda, é possível trazer aqui a citação dos versos de um autor medieval, mencionados no artigo de Cipolla, o qual já fora aqui referido:

CAPÍTULO VI – A FORMA DE ESTADO

> *Salvator voluit sub tanto principe (Augustus) nasci; Nam pax sub pacis príncipe nata fuit.*[177]
>
> O Salvador quis nascer sob o domínio do príncipe (Augusto), para que a paz também pudesse nascer sob o governo do príncipe.

A argumentação filosófica de Dante a favor da monarquia parte do princípio supremo da unidade, o *principium unitatis*, que constitui a base da ordem moral do mundo.[178] Em todos os conjuntos de coisas – disse Dante em *De Monarchia*, livro I, cap. 15 –, o melhor é aquele que é mais perfeitamente uno, como já afirmava Aristóteles.[179] *Constat igitur, quod omne quod est bonum, per hoc est bonum quod in uno consistit,* todo aquele que é bom o é enquanto constitui uma unidade. Por isso mesmo, uma comunidade estará em uma condição tanto melhor quanto mais unitária possível ela for. E a unidade de uma comunidade consiste na concórdia (*concordia*), ou seja, na unidade das forças de vontade.

> *Et enim concordia, uniformis motus plurium voluntatum in qua quidem ratione apparet, unitatem voluntatum, quae per uniformem motum datur intelligi concordiae radicem esse, vel ipsam concordiam.*
>
> É, assim, a concórdia, o movimento uniforme de muitas vontades, do qual resulta a unidade das forças de vontade, que se pode conhecer mediante o movimento uniforme, que é a raiz da concórdia ou a concórdia em si.

Isso porque a unidade das forças de vontade consiste na unidade de objetivo, para onde se movem as forças de vontade dos indivíduos, como os montes de terra tendem ao centro gravitacional da Terra e as chamas ascendem ao éter. No entanto, para que uma comunidade atinja uma unidade nas oscilações da vontade (*unitas in voluntatibus*), ou seja, para que as forças de vontade de todos se canalizem a um mesmo fim, é necessário o direcionamento por meio da vontade de um indivíduo

---

[177] Nota 1 no original: ALIGHIERI, Dante. *De Monarchia*, p. 345.
[178] Nota 2 no original: Cf. *supra*, cap. 3.
[179] Nota 3 no original: ARISTÓTELES. *Metafísica*, livro IX, cap 1.

(*sed hoc esse non potest, nisi sit voluntas una, domina et regulatriz omnium aliarum [voluntatum] in unum*); e acrescenta:

> *cum mortalium voluntas blandas adolescentiae delectationes indigeant directivo, ut in ultimis ad Nicomachum docet Philosophus,*[180]
>
> pois a vontade dos mortais, a causa dos doces deleites da adolescência, necessita de um princípio diretivo, como ensina o Filósofo ao final de seu escrito a Nicômaco.
>
> E esse princípio só pode ser materializado unitariamente em um príncipe, cuja vontade é a condutora e a senhora de todas as demais
>
> *Nec ista una potest esse, nisi sit princeps unus ominum, cuius voluntas domina et regulatrix aliarum omnium esse possit.*

O *principium unitatis* é também o fundamento das outras deduções filosóficas. No topo de uma delas, ele coloca a proposição de Aristóteles;[181] quando muitas coisas se voltam a um mesmo objetivo, é conveniente que uma delas regule ou governe e as outras sejam reguladas ou governadas (*quod quando alique plura ordinantur ad unum, oportet unum eorum regulare seu regere, alia vero regulari seu regi*).[182] Assim, dentre as faculdades do homem, todas elas ordenadas à felicidade, é a intelectual (*vis intellectualis*) a que dirige e governa as demais; no seio da família, manda o pai, que conduz seus membros a um fim comum, ou seja, a uma boa forma de vida (*ad bene vivere*). Uma posição paritária de todos no seio da família seria uma desgraça, como demonstra a maldição: "Que você tenha um igual em sua casa!" (*Parem habeas in domo!*). Também a comunidade (*vicus*), cujo fim é o auxílio mútuo em relação às pessoas e às coisas (*cuius finis est commoda tam personarum quam rerum auxiliatio*), é comandada por uma pessoa superior no tocante às demais, escolhida seja por eleição, seja por aclamação; se vários pretendessem a essa primazia, a comunidade se arruinaria. E se consideramos uma cidade (*civitas*), cuja finalidade é o

---

[180] Nota 1 no original: ARISTÓTELES. *Ética nicomáquea*, livro X, cap. 5.
[181] Nota 2 no original: ARISTÓTELES. *Política*, livro I, cap. 5.
[182] Nota 3 no original: ALIGHIERI, Dante. *De Monarchia*, livro I, cap. 5.

CAPÍTULO VI – A FORMA DE ESTADO

bem viver e de maneira suficiente (*cuius finis est bene sufficienterque vivere*), seu governo tem que ser único, e não apenas em relação à Constituição correta, mas também à desviada. E o mesmo vale para a associação de nível superior, como um reino (*regnum*), que para alcançar seu objetivo deve ser governado por um rei (*oportet esse regem unum*). Assim, uma vez que existe um fim unitário para cuja consecução está voltada toda a humanidade, é necessário, portanto, também um monarca mundial (ou simplesmente um monarca unitário) para a sua concretização. Em *De Monarchia*, livro I, cap. 6, diz Dante:

> *Cum ergo duplex ordo reperiatur in rebus, ordo scilicet partium inter se et ordo partium ad aliquod unum quod non est pars (sicut ordo partium exercitus inter se ordo carum ad ducem) ordo partium ad unum est melior tamquam finis alterius et enim alter propter hunc, et non e converso.*

Ou seja, o *partium ad unum*, a ordem monárquica, a qual chama de "ordem ideal" (*forma ordinis*) é a melhor. Isso não só vale para as partes individualizadas da comunidade humana, como também, com maior força, para toda a humanidade, pois o *ordo totalis* não pode ser pior que o *ordo partialis* (*bonitas ordinis partialis non excedit bonitatem ordinis totalis*), e, assim, todas as partes anteriormente descritas e compreendidas nos reinos, e os reinos em si, devem se organizar sob o governo de um superior. Dante vai adiante com outra intrigante dedução filosófica a partir de uma proposição muito discutível: o que pode ser feito por um é melhor que seja feito somente por um do que por muitos (*quod potest fieri per unum melius est per unum fieri quam per plura*), pois o que seria acrescentado a esse um seria supérfluo e, portanto, ingrato a Deus e à natureza, então, definitivamente, mau. E igualmente obscura é essa argumentação: aquilo que é feito por somente um está mais próximo de concretizar seu objetivo, e como seu cumprimento carrega consigo a qualificação de melhor, logo, é melhor. Que está mais próximo do objetivo, ele demonstra a partir do seguinte:

> seja a finalidade C a ser realizada por um (A) ou por vários (A e B), é evidente que o caminho de A para C passando por B é mais longo que o caminho direto de A para C (!)

sit finis C, fieri per unum A, per lura A et B. Manifestum est, quod longior est ad A per B in C, quam ad A tantum in C.

Por isso, se chega antes ao cumprimento do objetivo, isto é, ao melhor, mediante a "atuação solo". "Aproximar-se" do melhor significa ser melhor! Logo, o governo de um é preferível ao governo de muitos.[183]

Não teria muito sentido em demonstrarmos aqui os equívocos evidentes dessas deduções; da nossa perspectiva, podemos apenas conceber esse tipo de curiosidade deixando escapar um sorriso. Todavia, esses raciocínios foram tidos em seu tempo como convincentes com toda a seriedade que é própria da investigação científica.

Dante também traz à coleção de argumentos favoráveis à monarquia os políticos. São embasamentos de caráter menos gerais e mais voltados à forma particular do Império universal ideal. Ele diz, em primeiro lugar (livro I, cap. 10), que as disputas entre os príncipes requerem uma instância superior para a composição da paz. Para isso, é necessário que exista um monarca mundial. Quanto a isso, ele cita uma suposta frase de Aristóteles: *"entia nolunt male disponi; malum autem pluralitas principatum, unus ergo princeps"*. As coisas não podem ficar mal-dispostas; a pluralidade de principados é má, logo, há de haver somente um príncipe.[184] Além disso, Dante afirma (livro I, cap. 11) que o governo de só um é preferível porque, ao ocupar a posição que está acima de todos, o monarca pode

---

[183] Nota 1 no original: A seguinte passagem de Tomás de Aquino (*De regimine principum*, livro I, cap. 2) demonstra o espírito tomista em toda a argumentação baseada no *principium unitatis*: "*Manifestum est, quod unitatem magis efficere postest quod est per se unum quam plures, sicut efficacissima causa et calefactionis quod est per calidum. Utilius igitur est regimen unius quam plurium*". "É claro que o que é um em si mesmo pode realizar melhor a unidade do que o plural, do mesmo modo que a causa mais eficiente do calor é o quente em si. Consequentemente, o governo de um é mais útil que o governo de muitos".

[184] Nota 1 no original: WITTE, Karl. *In*: ALIGHIERI, Dante. De Monarchia. ed. de Karl Witte, Vindobona: [S. I.], 1874, nota de rodapé, p. 16: "*Hanc sententiam ab Aristotele (Met. XII, 10) non aditio poetae nomine relatam, ignoravit auctor*". "Ignoro o autor da frase que foi citada por Aristóteles (Met. XII, 10) sem dar nome ao poeta". O poeta era Homero (*Ilíada*, II, 204).

CAPÍTULO VI – A FORMA DE ESTADO

realizar melhor a justiça (*justitia potissima est solum sub Monarcha*), visto que a justiça, que é uma virtude humana que se exerce frente aos demais e que consiste em dar a cada um o que é seu,[185] encontra obstáculos em sua má vontade[186] e no poder insuficiente, ou seja, nas tentações, por um lado, e na impotência para impor-se, pelo outro. Que a justiça está ameaçada pelas tentações já demonstra Aristóteles com seu princípio[187] de que não se pode deixar, de modo algum, ao arbítrio do juiz o que pode ser determinado pela lei. Quanto mais alto está esse um, menor é por natureza sua cobiça e menor a margem para sua ambição. No interior de um Estado individualizado isso tem que valer para o monarca em uma intensidade maior. No entanto, Dante, com seu Estado abrangente do conjunto da humanidade, leva às últimas consequências o caso de um monarca universal investido da dignidade humana suprema. *Ubi ergo non est, possiti optari, impossibile est ibi cupiditatem esse.* Por outro lado, esse um é tão mais poderoso quanto maior o cargo que ocupar. E quanto mais poderoso e independente, melhor e com menos impedimentos ele tem em si para exercer a justiça. No Estado, é o monarca que, em virtude de sua posição, pode fazer tal coisa; mas o único que pode fazer isso em um grau máximo é, obviamente, o Imperador de Dante, senhor de todos os príncipes. Por estar nessa condição, como afirma Dante, ele não pode ter inimigos (*cum si Monarcha est, hostes habere non possit*) que coloquem seu poder em xeque. Essa sutil motivação psicológica da vantagem da monarquia, em cuja posição suprema o monarca está imune das aspirações ambiciosas dos particulares – em contraste com a república, que tem que ser objeto constante de oscilantes disputas partidárias –, é utilizada ainda hoje pelos modernos defensores da forma monárquica de Estado.[188] A justiça também se fortalece por meio do amor, em outras palavras, mediante um justo apreço (*caritas seu recta dilectio*), que busca o bem do homem e, portanto, também da justiça, que é sua primeira condição. Ao monarca universal é

---

[185] Nota 2 no original: Segundo Aristóteles.
[186] Nota 3 no original: De acordo com Aristóteles, Ética *nicomáquea*, livro V, cap. 4.
[187] Nota 4 no original: ARISTÓTELES. *Retorica*, livro I, cap. 1.
[188] Nota 1 no original: KRAUS, Franz Xaver. *Dante, sein Leben, sein Werk, sein Verhältnis zur Kunst und zur Politik*. Berlin: Grote, 1897, p. 691.

inerente o maior amor dos homens, seu mais justo apreço. O apreciável é tanto mais apreciado quanto mais próximo está de quem o aprecia; e os homens estão mais próximos do monarca universal que de todos os outros príncipes (*homines propinquius monarchae sunt quam aliis principibus*), visto que a estes eles são próximos em suas partes, e ao monarca universal o são em sua totalidade (*quia principibus aliis homines non apropinquant nisi in pare, Monarchae verum secundum totum*). Também a liberdade (livro I, cap. 12) se realiza melhor em uma forma monárquica de Estado. No trecho em que fala das Constituições desviadas, Dante diz que os homens seriam livres se fossem a razão de sua própria existência. Este seria o caso sob o monarca, quem, como se mostrou anteriormente, ama os homens em grau máximo e quer que todos sejam bons. A coincidência do homem bom com o cidadão bom é, segundo Aristóteles, característica de uma Constituição correta, na qual os cidadãos são seu próprio objetivo, isto é, são livres. Assim, o monarca é aquele que é o mais apropriado para governar (*De Monarchia*, livro I, cap. 13), dado que, como se mencionou, tem um espaço menor para ter ambição, a qual somente é corrupção e empecilho para a justiça (*Monarcha nullam cupiditatis occasionem habere possit [...] et cupiditas ipsa sola sit corruptiva iudicii et iustitae praepetitiva*). "Juízo e justiça" são as duas qualidades que melhor convêm ao legislador e ao executor da lei, segundo Salomão[189] (*quae duo principalissime legislatori et legise xecutori conveniunt, testante rege illo sanctissimo [...]*). O que nos interessa especialmente dessa passagem é a clara diferenciação entre a atividade legislativa e a executiva, as quais Dante certamente não concebe como separadas, mas, sim, reunidas na figura do monarca.

Esse é o fundamento de Dante, com argumentos teológicos, filosóficos e políticos, a favor da excelência da forma monárquica de Estado. Essa peculiar combinação de banalidade escolástica, por um lado, e ideias profundas e inteiramente modernas, por outro, é muito característica de um homem que, filho genuíno da Idade Média, antecipou com uma intuição genial as ideias do novo tempo.

---

[189] Nota 1 no original: Salomão, salmo 72, I: "Outorga, ó Deus, ao reino teu juízo e tua justiça ao filho do rei".

CAPÍTULO VI – A FORMA DE ESTADO

A questão sobre a designação do monarca, se por eleição ou por nascimento, não é objeto de tratamento por Dante. O caráter hereditário, que hoje é um marco essencial da monarquia, era completamente alheio ao conceito universal de monarquia. Assim, portanto, Dante também considera a eleição do monarca como um procedimento natural, desdenhando por completo um exame mais pormenorizado dessa questão.

No capítulo que se sucede, há que se investigar como Dante concebeu a posição do monarca no Estado, a relação entre o príncipe e o povo.

CAPÍTULO VII
PRÍNCIPE E POVO

Posição do príncipe no Estado – O Imperador como um funcionário oficial – A relação de Dante com a teoria da soberania popular – Estado e Direito

É natural que, sendo a monarquia a forma de Estado preferida da Idade Média, a questão sobre a posição a qual corresponde o monarca no seio da comunidade fosse objeto de um exame cuidadoso e detalhado. De acordo com as tendências monárquicas comuns, era inevitável atribuir ao monarca, em cuja pessoa deságua toda a essência do Estado, uma posição absolutamente excepcional, acima de todos os demais homens.[190] Em virtude de sua posição proeminente, se exigia dele as qualidades mais extraordinárias. Os numerosos exemplos de príncipes e regentes que, desde Tomás de Aquino, sob o título *De regimine principum*, eram frequentemente descritos e que ainda tiveram no *Príncipe* de Maquiavel um representante clássico, oferecem um claro testemunho a respeito. Aliás, se chegou a sustentar que na Idade Média todo o saber sobre o Estado era ensinado na forma de pedagogia para

---

[190] Nota 1 no original: Cf. GIERKE, Otto Von. *Das deutsche Genossenschaftsrecht*. 3ª ed. Berlin: Weidmann, 1881, p. 562.

os príncipes.[191] O próprio Dante coloca seu *Monarcha* em um posto tão excepcional no topo da humanidade e exige tantas virtudes dele que ao ler o seu *De Monarchia* emergem sérias dúvidas se poderia sequer existir um homem capaz de ocupar esse cargo de Imperador universal. Assim como Dante – e como toda Idade Média – se preocupou em atribuir ao príncipe uma posição pessoal destacada e influente, ele também adotou uma concepção que priva determinantemente o ocupante dessa posição de toda possibilidade de adquirir um caráter despótico,[192] o que corresponde à doutrina germânica que entende a posição do príncipe como um ofício que não porta somente direitos, mas também deveres.[193] Em muitas passagens, Dante se manifesta nesse sentido. Em seu *De Monarchia*, ele fala recorrentemente de um *officium Monarchiae*,[194] de um *officium deputatum imperatori*[195] etc. No quarto livro de *Convivio* aparece a mesma concepção quando ele define o Imperador como um "sumo oficial" (*summo ufficiale*) e fala de um ofício (*ufficio*) conferido ao Imperador.[196] No capítulo 9 do mesmo livro está: "Por isso, está escrito no início do antigo *Digesto*: a razão escrita é a arte do bem e da equidade; para redigi-la, promulgá-la e impor-lhe temos esse oficial de quem falamos, o Imperador (è *questo ufficiale posto*)". No entanto, onde se expressa com maior nitidez e claridade essa ideia de que o príncipe tem que exercer um ofício ao serviço e ao interesse comum é no capítulo 12 do primeiro livro *De Monarchia*, no qual há a continuação da

---

[191] Nota 2 no original: DAHLMANN. *Politik*, pp. 218/219.

[192] Nota 3 no original: Ao contrário, Gregorovius, *Geschichte der Stadt Rom im Mittelalter*, VI, p. 24, escreve: "Dante não era, em verdade, menos defensor do império que os juristas justinianos dos Hohenstaufen [...] no ideal perfeito de imperador governante do mundo e promotor da paz podiam estar escondidos, em todos os casos, as sementes de outros Neros, Domicianos e Caracallas". Apesar disso, Gregorovius define o Imperador universal de Dante como "cabeça da república dos homens". No mesmo sentido, se manifesta HETTINGER, Franz. *Die göttliche Komödie des Dante Alighieri*. Friburgo: Herder, 1880, pp 545 e ss.

[193] Nota 1 no original: Cf. GIERKE, Otto Von. *Das deutsche Genossenschaftsrecht*. 3ª ed. Berlin: Weidmann, 1881, p. 563.

[194] Nota 2 no original: *De Monarchia*, livro II, cap. 3.

[195] Nota 3 no original: *De Monarchia*, livro III, cap. 10.

[196] Nota 4 no original: *Convívio*, IV, livro IV, caps. 4 e 9.

CAPÍTULO VII – PRÍNCIPE E POVO

passagem já citada sobre as formas corretas e desviadas de Constituição, sobre o que diz Dante:

> *Non enim cives propter Consules Nec gens propter regem. Sed e converso consules propter cives et Rex propter gentem. Quia quemadmodum non politia ad leges ad politia ponuntur. Sic secundum leges viventes non ad legislatorem ordinantur sed magis ille ad hos, ut etiam philosopho placet in iis, quae de praesenti material nobis ab eo relicta sunt. Hinc etiam patet, quod quamvis consul sive Rex, respect viae sint domini aliorum, respect autem termini aliorum monistri sunt, et maxime Monarcha, qui minister omnium procul dubio habendus est.*
>
> Os cidadãos não servem aos cônsules, nem o povo ao rei, mas, sim, o inverso, os cônsules servem aos cidadãos e o rei ao povo. Assim como a Constituição não foi feita para as leis, mas as leis o foram para a Constituição, do mesmo modo que os que vivem de acordo com as leis não servem a elas, mas elas que servem a eles, como dissera o Filósofo nos tratados em que deixara sobre essa matéria.[197] Disso resulta também que, ainda que o cônsul e o rei sejam senhores dos demais em razão da função que ocupam, eles são servidores do povo em virtude do fim que buscam; sobretudo, o monarca, que precisa ser tido como o servidor de todos.

A partir dessas palavras de Dante, que remetem vivamente à algumas afirmações de Frederico, o Grande, em *Antimacchiavell*,[198] se depreende com toda clareza qual é a sua concepção sobre a posição do príncipe. Ele o chama de "servidor do comum", o qual só exerce seu ofício em razão do povo, ou seja, no interesse do Estado. Dante nem se preocupa em situar os reis e mesmo o Imperador, no tocante à sua relação com o povo, no mesmo plano que coloca também os

---

[197] Nota 1 no original: ARISTÓTELES. *Política*, livro II, caps. 4 e 16.
[198] Nota 2 no original: *Antimacchiavell*, traduzido por Förster, 35: "Ocorre que o soberano, longe de ser o senhor absoluto dos povos, o qual está, aliás, sob o senhorio popular, é tão somente, em si e para si, o supremo servidor do povo".

cônsules, pois seriam todos funcionários republicanos.[199] Essa visão da relação entre o príncipe e o povo se ajusta perfeitamente na teoria da soberania popular; uma teoria nascida no Medievo, e que foi difundida de maneira gradativa durante todo o período, deixando indisfarçáveis marcas na obra de Dante, como ainda teremos ocasião de comprovar. A tão qualificada posição do príncipe assim definida advém, em última instância, da instauração divina. Como já se viu aqui, Dante insiste em sublinhar a origem divina da autoridade temporal. Entretanto, a condição causal de Deus fica em um segundo plano, aparecendo somente como um *causa remota*, enquanto, como fonte direta da soberania – em consonância com as ideias da teoria da soberania popular – se situa o povo, cujo representante é o príncipe. Essa ideia não se manifesta de maneira explícita, mas são muitos os momentos em que permitem pensar que Dante esteve imbuído dessa concepção ou de alguma outra muito similar. Por exemplo, as expressões *minister omnium*, o Imperador como o oficial supremo, *sommo ufficiale*, e todas as passagens antes citadas. Além da evidência de que Dante fala constantemente do *populus romanus*, do povo romano, que o recebeu de Deus e exerceu um poder legítimo,[200] equiparando completamente o período da República com a época imperial posterior. Nesse ponto, há que se admitir tacitamente que a *lex regia*, mediante a qual a soberania se transferiu do povo para o César, é o fundamento do *Imperium*, cuja identidade com seu Império, ele, naturalmente, não põe em dúvida.[201][202] Todavia, as ideias dos pós-glosadores que baseavam a soberania do povo na *translatio imperii* levada a cabo com a *lex regia*, que somente havia suposto uma *concessio*

---

[199] Nota 3 no original: No entanto, diz STAHL, Friedrich Julius. *Geschichte der Rechtsphilosophie*. 2ª ed. Heidelberg: Mohr, 1847, p. 72, nota: "quando Dante fala do rei (imperador) *qui minister omnium habendus est*, ele menciona um sentido absolutamente comprometido aos limites da função por parte do monarca".

[200] Nota 1 no original: *De Monarchia*, livro II, passim.

[201] Nota 2 no original: Cf. a respeito também GIERKE, Otto Von. *Das deutsche Genossenschaftsrecht*. 3ª ed. Berlin: Weidmann, 1881.

[202] Nota 3 no original: Cf. *Paraíso*, canto VI, verso 57, no qual, ao explicitar a história de Roma, ele fala da fundação do Império, aludindo à coincidência com o nascimento de Cristo: "Cesare, per voler di Roma, *il tolle*" [Júlio César a tomou (a águia, símbolo do domínio) por desejo de Roma].

CAPÍTULO VII – PRÍNCIPE E POVO

usus, encontram guarida na passagem do capítulo 7 do terceiro livro *De Monarchia*, no que se refere a: *auctoritas principalis non est principis nisi ad usum*, a autoridade do príncipe só é do príncipe para o seu exercício. O que vai perfeitamente ao encontro da teoria que reduz a posição do monarca no Estado a uma concessão, não do Direito, mas, sim, do exercício do poder do Estado, mediante a defesa do princípio: *populus maior príncipe*.[203] A teoria da soberania popular acolhe também a ideia, firmemente defendida por Dante, de que o poder do príncipe está restringido por limites jurídicos. Assim, se diz com clareza na frase que sucede a passagem na qual ele chama o Imperador de *minister omnium* e que afirma: *hinc etiam innotescere potest quod Monarcha necessitatur a fine sibi praefixo in legibus ponendis*; disso se deduz já que o monarca está delimitado pela finalidade que se impõe pela legislação. No *De Monarchia*, livro III, cap. 10, ele diz em continuidade à expressão supracitada: *imperii vero fundamentum jus humanum est* [...] *sic imperio licitum non est, contra jus humanum aliquid facere,* não é lícito ao Império fazer algo contra o direito humano. Em um sentido muito parecido, ele afirma em *Convivio*, livro IV, cap. 9: "assim como toda arte e ofício humanos estão contidos por certos limites pela autoridade imperial, também esta está restrita por Deus em certos limites". Essa posição do monarca limitada pelo Direito é fruto de uma concepção geral de Dante sobre a relação entre Direito e Estado. As ideias que ele manifesta sobre esse assunto são de caráter fortemente germânico.[204] Ele reconhece claramente as íntimas implicações que há entre esses dois conceitos – Direito e Estado –, sua inter-relação, que também se estende sobre o particular. Em *De Monarchia*, livro II, cap. 5, diz: "Quem persegue o bem do Estado, persegue também a finalidade do Direito" (*Quicumque praeterea bonum Reipublicae intendit, finem juris intendit*). Preservação ou perturbação do

---

[203] Nota 4 no original: Cf. REHM, Hermann. *Geschichte der Staatsrechtswissenschaft*. Leipzig: Mohr, 1896, p. 181.

[204] Nota 1 no original: Sobre os traços de caráter germânicos na fisionomia intelectual de Dante: KRAUS, Franz Xaver. *Dante, sein Leben, sein Werk, sein Verhältnis zur Kunst und zur Politik*. Berlin: Grote, 1897, p. 25; e Cf. "Dante ein Germane", CHAMBERLAIN. Houston Stewart, *Grundlagen des 19. Jahrhunderts*. München: Bruckmann, 1903, pp. 499 e ss.

Direito é equivalente à preservação ou à perturbação da sociedade humana. O objetivo de toda sociedade, o bem comum, é também o escopo do Direito. É impossível um Direito que não busque o bem comum (*impossibile est jus esse bonum commune non intendens*). A frase de Cícero o confirma: *Semper ad utilitatem Reipublicae leges interpretandae sunt*.[205] As leis que não estão voltadas realmente a serviço daqueles que se encontram sob sua proteção são leis só no nome (*nomine*), formal, não de acordo com a substância (*re*), material. As leis devem unir os homens entre si para a consecução do bem comum: elas são, segundo Sêneca, um vínculo da sociedade humana (*vinculum humanae societatis*).[206] Afirmações que precisam ser comparadas também com um trecho de sua "Carta aos príncipes e aos senhores da Itália", na qual ele define a propriedade como uma emanação das leis imperiais, quando diz: "vós não possueis a propriedade de outro modo que não seja por meio do vínculo de suas (isto é, do Imperador) leis" (*et res privatas vinculo suae legis, non aliter, possidetis*).

Em uma concepção semelhante da relação entre Estado e Direito é óbvia a aceitação da determinação do poder supremo do Estado por parte do Direito. Para Dante, todos os poderes do *Imperium* estão juridicamente vinculados. Sua unidade, indivisibilidade e inalienabilidade são exigências do Direito.[207] Essas concepções de Dante se colocam claramente em conflito com a peculiar forma em que classifica a chamada doação de Constantino. Conforme essa lenda, muito difundida na Idade Média e tida historicamente como verdadeira,[208] o Imperador Constantino havia presenteado o Papa Silvestre, em agradecimento por uma cura alcançada por meio de sua intercedência, com o domínio de

---

205 Nota 2 no original: CÍCERO. *De inventione*, livro I, cap. 38.
206 Nota 3 no original: Essa citação foi tomada erroneamente de uma obra atribuída a Sêneca: *Martinus abbas Dumiensis, deinde episcopus Braccariensis: formula honestae vitae, sive de quatuor virtutibus cardinalibus*. Cf. WITTE, Karl. In: ALIGHIERI, Dante. *De Monarchia*. ed. de Karl Witte, Vindobona: [S. I.], 1874, nota de rodapé, p. 51.
207 Nota 4 no original: Cf. GIERKE, Otto Von. *Das deutsche Genossenschaftsrecht*. 3ª ed. Berlin: Weidmann, 1881, pp. 621 e ss.
208 Nota 5 no original: DÖLLINGER, Johann Joseph Ignaz Von. *Die Papstfabeln des Mittelalters:* ein Beitrag zur Kirchengeschicht. 1863, pp. 61 e ss.

CAPÍTULO VII – PRÍNCIPE E POVO

Roma, da Itália e do Ocidente inteiro. Dante não se atreve a pôr em dúvida que efetivamente algo semelhante à doação ocorreu de fato, da qual ele fala reiteradamente como um acontecimento histórico, que certamente lamenta, mas não considera que tenha sido simplesmente inventado. Nesse sentido vão suas palavras nos estertores do segundo livro *De Monarchia*:

> *O felicem populum, o Ausoniam te gloriosam, si vel numquam infirmator ille imperii tui natus fuisset, vel numquam sua pia intentio ipsum feffellisset!*
>
> Ó, povo feliz, ó Ausonia gloriosa, se nunca houvera nascido quem debilitou seu império ou se sua intenção piedosa nunca lhe houver enganado!

E também nos versos 115-118 do canto XIX do *Inferno:*

> *Ahi Constantin, di quanto mal fu matre, / Non la tua conversion, ma quella dote / Che da te prese il primo ricco patre!*
>
> Ah, Constantino, que calamidade causara, / Não com o seu batismo, não, com a doação impura, / Que fez ficar rico o primeiro Papa![209]

O que Dante discute não é o fato em si, mas, sim, a licitude da doação, a qual ele tem por nula. Assim a declara no capítulo 10 do terceiro livro de seu *De Monarchia*, no qual se dedica a contestar a opinião daqueles que:

> Dizem que o Imperador Constantino, ao ser curado da lepra por intercedência do então Papa Silvestre, fez a doação à Igreja, da sede do Império, ou seja, junto a muitas outras dignidades do Império.

---

[209] Nota 1 no original: Cf. também *Paraíso*, canto XX, verso 55-57.

dicunt quidam quod Constantinus imperator mundatus a lepra intercessione Sylvestri tunc summi pontificis, imperii sedem scilicet Roman donavit Ecclesiae cum multis aliis imperii dignitatibus.

A impugnação jurídica dessa doação, sobre cuja extensão havia várias diferentes opiniões na Idade Média, é objeto da seguinte demonstração por parte de Dante: Ele começa afirmando que Constantino não poderia alienar a dignidade do Império (*quia Constantinus alienare non poterat Imperii dignitatem*), nem a Igreja recebê-la. Isso porque, ele continua:

> Ninguém pode, em virtude de seu ofício que lhe foi confiado, fazer algo contrário a esse ofício, visto que o mesmo enquanto tal seria contrário a si mesmo, o que é impossível.
>
> *Nemini licet, ea facere per officium sibi deputatum, quae sunt contra illud officium: qua sic idem, inquantum idem, esset contrarium sibi ipsi; quod est impossibile.*
>
> Dividir o Império é contrário ao ofício conferido ao Imperador, pois seu ofício é ter o gênero humano submetido a apenas uma vontade.[210]
>
> *Sed contra officium deputatum imperatori est, scindere imperium; cum officium eius sit, humanum genus uni velle et uni nolle tenere subjectum.*

Portanto, ao Imperador não é permitido dividir o Império, em outras palavras, o poder do Estado (*ergo scindere imperium, Imperatiru non licet*).[211] Uma cessão de direitos de soberania do Imperador à Igreja

---

[210] Nota 2 no original: Cf. *supra*, cap. 5.

[211] Nota 3 no original: A ideia de que ao Imperador não é permitido diminuir o Império se encontra também em termos semelhantes em Engelberto de Admont: *De ortu et fine*, cap. 18, no qual a afirmação de que alguns imperadores haviam reduzido voluntariamente as fronteiras do Império é objeto da seguinte réplica: "*Respondendum, quod nequaquam liciut Adriano imperatori vel Joviniano, fines imperii simpliciter et cum renunciatione tradere et imperium cifra fines debitos limitare: Nec ulli imperatori unquam licuit vel licebit, quia Tum caderet a nomine et dignitate Augusti, quaod significat, imperium debere semper augeri et numquam minui*". "Deve responder que não era lícito ao Imperador Adriano ou a Joviniano ceder partes do Império simplesmente mediante renúncia e, com isso, reduzir as fronteiras legais do Império. Isso nunca lhe foi permitido

CAPÍTULO VII – PRÍNCIPE E POVO

seria como rasgar a "túnica inconsútil" (*tunica inconsutilis*), a mesma que não ousaram rasgar os mesmos que atravessaram Cristo com uma lança.²¹² Além disso, o Império – ou seja, o poder imperial ou o poder do Estado – não pode se contrapor a seu fundamento, o *jus humanum*, o Direito humano, o que ocorreria se ele destruísse a si mesmo (*si seipsum Imperium destrueret*). Uma divisão ou cisão do poder do Estado equivale a sua destruição (*cum ergo scindere imperium esset destruere ipsum*), visto que o Império se baseia na unidade da monarquia universal (*consistente imperio in unitate Monarchiae universalis*). Ademais, o Imperador se relaciona com o Império como um juiz com o poder judicial.²¹³ Se o Império mesmo é o poder judicial supremo (*imperium est jurisdictio, omnem temporalem jurisdictionem ambitu suo comprehendens*)²¹⁴ e o Imperador é somente um órgão dele, então ele deve estar voltado ao poder do Império e não o contrário (*ad ipsam Imperator est ordinatus et non e converso*), pois é deste que deriva sua condição de imperador (*recipiat esse quod est*). Por isso, é completamente inadmissível que esse poder judicial supremo seja objeto de permuta pelo Imperador enquanto ocupante desta função, ou seja, enquanto órgão desse mesmo poder (*quod imperator ipsam permutare non potest quantum imperator*). A doação de Constantino seria uma redução da jurisdição (*collatio esset minoratio jurisdictionis*), sendo, portanto, inválida.

---

a nenhum imperador nem jamais o será, porque então o nome e a dignidade de Augusto perderiam seu significado: o dever de fazer o Império se expandir e nunca se retrair".

212 Nota 1 no original: Dante compara aqui o Império com a *tunica inconsutilis*, da qual se fala no Evangelho de João: "Os soldados [...] tomaram suas vestes [...]. A túnica sem costura, feita de uma peça de cima a baixo. Por isso, lhe disseram: Não a rasguemos, mas, sim, deixemos à sorte para ver quem a toca". (João 19: 23-24). A comparação com a *tunica inconsutilis* foi também utilizada pelos defensores papais em favor da Igreja, como Bonifácio, na bula *Unam sanctam*. Cf. WITTE, Karl. *In:* ALIGHIERI, Dante. *De Monarchia.* ed. de Karl Witte, Vindobona: [S. l.], 1874, nota de rodapé, p. 120.

213 Nota 2 no original: Hubatsch traduz *iurisdictio* como "ofício judicial" e Kannegiesser como "jurisdição"; me parece que aqui o melhor é "poder judicial".

214 Nota 3 no original: No lugar da frase tomada por Witte "*imperium est jurisdictio*", eu preferiria a mais antiga, citada pelo próprio Witte: "*império est jurisdictio*" ou "*imperii est [...]*", dado que somente se trata de uma parte do Império, qual seja, o poder do Estado.

Ademais, admitir a licitude da doação de Constantino levaria logicamente à destruição do poder judicial supremo, pois o que fosse permitido a um imperador teria que sê-lo também aos demais, e o poder judicial do Estado não é ilimitado.

Amplius si unus imperator aliquam particulam ab Imperii jurisdictione desciindere posset eadem ratione et alius, et, cum jurisdictio temporalis finita sit, et omne finitum per finitas decisiones absummatur, sequeretur, quod jurisdictio prima posset adnihilari quod est irrationabile.[215]

O que o Imperador pode delegar ao patrocínio da Igreja é unicamente "seu patrimônio e outras coisas", mas conservando sempre seu domínio superior, cuja unidade não admite divisão.

Poterat tamen imperator in patricinium ecclesiae, patrimonium et alia[216] *deputare, immoto semper superiori dominio, cuius unitas divisionem non patitur.*

---

215 Nota 1 no original: Cf. uma passagem extraordinariamente semelhante à de João de Paris: *De potesta regia et papali*, cap. 22, sobre a doação de Constantino: "*Eadem ratione quae unus partem potest dare, et successor potest et aliam et sic imperium diminueretur et spoliaretur donis suis, quod inconveniens, quia expedit quod imperium sit locuples [...]. Ex quibus dicunt juristae, quod donatio non valuit*". "Com o mesmo direito com que um pode doar uma parte, podem também seus sucessores doar outra e assim o Império vai se reduzindo e tendo seus bens espoliados, o que é um inconveniente, pois é necessário que o Império seja rico (poderoso) [...]. Por isso, dizem os juristas que a doação é inválida".

E na *Quaestio in utramque partem*, art. V: "*De ista donatione Constantini dicunt Juristae Communitter, quod non valuit multiplici ratione. Primo quidem, quia ideo dicitur Imperator "semper Augustus", quos eius propositum debet esse, semper augere Imperium, non minuere; et ideo dicta donatio non videtur valuisse, maxime cumnimis excessiva fuerit et immensa. Secundo [...] Tertio [...] Quarto, quia qua ratione potuit dare unam partem, possent successores eius aliam partem dare, et detrunetaretur imperium*". "Os juristas sustentam de muitos modos a invalidez da doação de Constantino: primeiro, porque o imperador é chamado de *"semper Augustus"*, já que seu dever é sempre acrescentar ao Império, não minorá-lo; por isso, parece ser inválida a dita doação, sobretudo, por ser excessiva e imensa. Segundo [...] Terceiro [...] Quarto, porque com o mesmo direito com que um pode doar uma parte, os seus sucessores podem alienar outra parte, e o Império se destruirá".

Percepções semelhantes sobre a doação de Constantino se encontram em muitos outros tratados. A invalidade dessa doação foi defendida desde os glosadores até os legalistas.

216 Nota 2 no original: O significado de *patrimonium et alia* é discutível: uns o interpretam somente como propriedade privada; outros, como poder estatal (Estado da

CAPÍTULO VII – PRÍNCIPE E POVO

O capítulo 7 do terceiro livro de *Monarchia* contém outra limitação da plenitude imperial. Nele se afirma que nenhum príncipe – nem mesmo Deus[217] ou o Papa – pode ser substituído por um representante que não lhe seja em tudo equivalente (*manifestum est, quod nullus princeps potest sibi substituere vicarium in omnibus aequivalentem*). Por isso, disse Dante, a autoridade de comando só é do príncipe quando ele está no exercício do cargo, pois nenhum príncipe pode dar autoridade a si mesmo. Ele pode até recebê-la e dela renunciar, mas não pode escolher outro príncipe, porque a eleição de um príncipe não depende do príncipe (*quia creatio principis ex príncipe non dependet*).

O trecho do capítulo 7 que acaba de ser citado, e especialmente do capítulo 10 do mesmo terceiro livro *De Monarchia*, expõe com clareza o nítido conceito de poder do Estado que, longe de coincidir com a pessoa do monarca, apresenta o Imperador simplesmente como um de seus órgãos. O *Imperium* está sobre o *Imperator*; este é só um servidor, um instrumento daquele e sua posição no Estado é um ofício que certamente lhe confere direitos, mas também lhe impõe obrigações. A esse conceito absolutamente moderno de poder do Estado corresponde uma série de características importantes. Em primeiro lugar, Dante destaca a unidade do poder do Estado (*imperio in unitate Monarchiae consistente*), afirmando sua indivisibilidade, sua inalienabilidade e sua impossibilidade de autodestruir-se. É patente que o poder assim concebido é o poder supremo no interior do Estado ideal de Dante; que, além disso, é independente até o exterior, o que advém da definição exposta em *Monarchia* e rechaça a intervenção do Papa sobre a única possível autoridade terrena, ou seja, sobre o Império, abrangente de todos os reinos e países. A soma de todos os predicados do *Imperium* converge nessa característica do poder estatal que a moderna teoria do Estado define como soberania.

Caberia examinar quais são as consequências para a violação dos limites jurídicos que definem o poder do Estado e estabelecem a posição

---

Igreja). Ver com maiores detalhes em KRAUS, Franz Xaver. *Dante, sein Leben, sein Werk, sein Verhältnis zur Kunst und zur Politik*. Berlin: Grote, 1897, p. 708.

[217] Nota 1 no original: Nesse ponto, Dante se baseia em Pedro da Lombardia, *Magister sententiarum*, livro IV, disc. § 3: *Quia (Deus) nullipotuit dare, ut esset, quod Ipse est*".

do príncipe, que estão presentes na concepção de Dante. Há muito pouco, praticamente nada sobre esse assunto em Dante, em franco contraste com a prolixidade com que na Idade Média se tratavam as questões como tiranicídio ou o *ius resistendi*. De qualquer forma, Dante descreve com tonalidades mais incandescentes o que, em sua opinião, ocorre com os tiranos, o qual ele situa no sétimo círculo do inferno, em uma

> [...] correnteza de sangue; na qual estão fervendo aqueles que lá em cima / usaram da violência para machucar[218]
> *La riviera del sangue, in qual boll / Qual che per violenza in altrui noccia*

E nos versos 100 e seguintes, diz:

> *Noi ci movemmo con la scorta fida / Lungo la proda del bollor vermiglio / Ove i bolliti facean alte strida / Io vidi gente sotto infino al ciglio; / E il gran Centauro disse: "Ei son tiranni / Che diêr nel sangue e nell aver di piglio".*
> Nós fomos em tão boa companhia / Pelo rio do amor vermelho / De onde a gente fervida alto gemia; / Vi a gente fundida até a carranca; / E o grande Centauro disse: "São tiranos, / E o sangue e o roubo foram seu conselho".

Como se deve se comportar diante dos tiranos quando eles estão vivos, Dante só oferece uma única e obscura indicação, mais concretamente no capítulo 4 do terceiro livro *De Monarchia*. Lá ele fala de uma falsa interpretação do sentido místico do Livro Sagrado e alega, dentre outras coisas, que se tal interpretação é fruto da ignorância simplesmente, há que se censurar, mas ter indulgência. "Mas se ela acontece deliberadamente", ele continua,

> quem assim se equivoca há de ser tratado como tirano, que não observa o Direito público para o bem comum, mas, sim,

---

[218] *Inferno*, canto XII, verso 47.

CAPÍTULO VII – PRÍNCIPE E POVO

que procura desviá-lo para seu próprio proveito. Um hediondo sacrilégio [...].

si vero industria non aliter cum sic errantibus est agendum quam cum tyrannis, qui publica uira non ad communem utilitatem sequuntur, sed ad propriam retorquere conantur. Oh summum facinus [...].

Não há, contudo, de se encontrar em nenhum lugar como se proceder com estes tiranos. Não obstante as indignadas palavras empregadas e o profundo ódio aos tiranos manifestado com frequência pelo poeta, com sua mentalidade político-radical, é possível conjecturar que a solução viria por meio do direito de resistência ativa, antes mesmo do direito de resistência passiva. Esse ódio ao tirano, que Dante manifesta, tem sua origem na influência dos clássicos e das condições extremamente democráticas de sua cidade natal, também é esposado por muitos autores medievais, especialmente os publicistas de Florença, uma cidade considerada particularmente inimiga dos tiranos, *qui et intestinam tyrannidem detestatur et exterrarum urbium libertatem suis operibus semper est prompta defendere.*[219]

Esta é a teoria de Dante sobre a relação entre príncipe e o povo, sua postura em relação à soberania popular e sua concepção, muito à frente de seu tempo, do poder do Estado. Se há uma parte de seu arcabouço teórico em que se pode perceber com nitidez como que dentre as apagadas cinzas da erudição escolástica e dos preconceitos medievais se elevam as chamas de um novo pensamento político, é exatamente esta.

---

[219] Nota 1 no original: Citado conforme BURCKHARDT, Jacob. *Die Cultur der Renaissance in Italien:* ein Versuch. vol. 1, 7ª ed. Leipzig: Seemann, 1899, p. 11, nota 1 das cartas de Salutati p. 194.

CAPÍTULO VIII

ESTADO E IGREJA

O terceiro livro de Monarchia – A teoria dos dois luminares – A doação de Constantino – A propriedade eclesiástica – Solução do problema: Estado e Igreja no último capítulo de Monarchia – A relação entre o Papa e o Imperador na Divina Comédia

A posição de Dante a respeito da questão da relação entre Estado e Igreja franqueou à bibliografia moderna uma série de investigações que distam muito de coincidir em seus resultados. Enquanto uns defendem que Dante havia apontado como solução para o problema a completa separação entre Estado e Igreja;[220] outros afirmam, ao contrário, que o poeta estaria muito distante de sustentar a segregação.[221] A subordinação da Igreja ao Estado também é apresentada como se fosse parte

---

[220] Nota 1 no original: Cf. WEGELE, Franz Xaver von. *Dante Alighieri's Leben und Werke*. 3ª ed. Jena: Fischer und Mauke, 1879, p. 343; e outros recentemente. CHAMBERLAIN. Houston Stewart, *Grundlagen des 19. Jahrhunderts*. München: Bruckmann, 1903, pp. 614, 615, 617, 619, 621, 655 e 686.

[221] Nota 2 no original: HETTINGER, Franz. *Die göttliche Komödie des Dante Alighieri*. Friburgo: Herder, 1880, p. 548.

da teoria de Dante.[222] Naturalmente, todas as interpretações situadas nos extremos contaram com numerosos defensores.[223] A extraordinária diversidade dessas opiniões, frequentemente antagônicas entre si, evidencia a contradição do próprio sistema de ideias de Dante. É a própria inconsistência do poeta quanto a este ponto, especificamente, a relação entre Estado e Igreja, que torna possível que os intérpretes com as posições mais díspares pudessem se apropriar de Dante, bastando-lhes um mínimo de habilidade hermenêutica.

O terceiro livro *De Monarchia* ocupa-se da relação entre os poderes estatal e eclesiástico. Nele se encontram todos os argumentos utilizados para se discutir essa importante questão na Idade Média. Particularmente, os conhecidos argumentos utilizados para fundamentar a subordinação do Estado à Igreja são objeto de uma crítica minuciosa: a teoria das duas espadas, a comparação entre o grande e o pequeno luminares e a doação de Constantino. Os detalhes dos argumentos do terceiro livro são os seguintes:

No primeiro capítulo, é feita a definição do objeto desenvolvido por Dante na terceira seção de sua obra.

> *Quaestio igitur praesens, de quaa, inquisitio futura est inter duo luminaria magna versatur, Romanum scilicet pontificem et Romanum principem, et quaeritur utrum auctoritas Monarchae Romani, qui de jure Monarcha mundi est ut in secundo libro probatum est, inmediato a Deo dependat an ab aliquo Dei vicario vel Ministro, quem Petri successorem intelligo, qui vero claviger est regni coelorum.*
>
> A questão que agora se há de investigar se refere aos dois grandes luminares: o pontífice romano e o príncipe romano, e se trata de saber se a autoridade do monarca romano, que é o legítimo monarca do mundo, como ficou provado no segundo livro,

---

[222] Nota 3 no original: Stedefeld. "Über Dantes Auffassung von Staat, Christentum und Kirche". In: *Jahrbuch der Deutsch. Dante-Gesellschaft*, vol. 3, pp. 179-221.

[223] Nota 4 no original: Um excelente panorama dessa bibliografia em KRAUS, Franz Xaver. *Dante, sein Leben, sein Werk, sein Verhältnis zur Kunst und zur Politik*. Berlin: Grote, 1897, pp. 677 e ss.

CAPÍTULO VIII – ESTADO E IGREJA

depende diretamente de Deus ou de um vigário ou ministro de Deus,[224] entendendo por tal sucessor de Pedro, quem é, de fato, o guardião das chaves do reino dos céus.

Nessa passagem, chama a atenção o fato de Dante descrever o Papa e o Imperador como dois grandes luminares, em franco contraste com as habituais teorias dos dois luminares, que definem o Papa como a grande luz (o Sol) e o Imperador como a pequena luz (a Lua).[225] A partir daqui, Dante se concentra naqueles que negam sua afirmação de independência do Imperador ante o Papa. Em um primeiro grupo, estariam o Papa e outros pastores da cristandade, que combatem a autonomia, movidos unicamente pelo fervor no ofício do cargo e pela soberba; um segundo grupo é formado por aqueles conhecidos como filhos da Igreja, mas que, na realidade, têm o diabo como pai, e que tem por princípio se opor à independência do Império – dentre os quais provavelmente se inclui o partido dos guelfos. Os chamados decretalistas compõem um terceiro grupo, mas são excluídos dos limites da disputa porque sustentam que as tradições da Igreja são o fundamento da fé; afirmação cujo equívoco se evidencia pelo fato das tradições da Igreja terem aparecido depois da criação da própria Igreja. Somente o Antigo e o Novo Testamento poderiam constituir o fundamento da fé – as partes fundamentais do Livro Sagrado que são anteriores à Igreja. Dante somente se dirige, portanto, contra os adversários que, movidos pelo fervor para defender a Igreja, ignoram a verdade em questão. Os argumentos que servem para justificar a subordinação do Imperador ao Papado voltam-se, em parte, para o Livro Sagrado e para alguns fatos e, em parte, se apoiam no testemunho da razão. Depois de uma longa discussão sobre os métodos de interpretação da Bíblia, Dante se dedica a refutar a afirmação, repetidamente sustentada na Idade Média, de que o Sol e a Lua são uma alegoria dos dois poderes, representando o Sol o poder eclesiástico, e, simbolizando o poder estatal, a Lua, a qual não

---

[224] Nota 1 no original: Assim, Agostinho Triunfo disse: *"Et sic solum sua (Papae) potestas est inmediate a Deo et nulla allia"* (*Summa de potestate ecclesiae*, livro I, cap. 1).
[225] Nota 2 no original: Cf. *Infra*, p. 221.

tem luz própria, mas só consegue brilhar com a luz do Sol, sendo ainda inferior em tamanho, em condição e em consistência. Em Agostinho Triunfo, no *De pot. eccles.*, XXXVI, I, há um trecho nos moldes do que tipicamente argumentam os autores curialistas:

> *Planum est, quod luna derivatur a sole, quantum ad eius formationem, quia ex illa luce quae facta describitur in Genesi prima die, tertio die postmodum formatus est sol, deinde luna ac aliae stellae. Et quantum ad uius lucis receptionem, quia luna a sole suam lucem recepit [...]. Sic dominium Imperiale vel Regale derivatur a domínio Papali, vel sacerdotali vel quantum ad eius dignitatem vel quantum ad eius formationem vel auctoritatis receptionem.*
>
> É claro que a Lua deriva do Sol no tocante à sua formação, porque a luz dela mesmo, segundo o Gênesis, se criou no primeiro dia, três dias depois de feito o Sol, e depois, a Lua e as demais estrelas. No que tange à recepção da luz, porque a Lua recebe a sua do Sol [...]. Assim como o poder imperial ou o real deriva do poder papal ou sacerdotal, tanto quanto à sua dignidade como quanto à sua formação ou à recepção da autoridade.

Dante busca demonstrar de duas formas a impropriedade dessa comparação. Principalmente, diz, dois poderes em questão são somente acessórios do homem (*huius modi regimina sunt accidentia quaedam ipsius hominis*), determinados, em função da incapacidade do homem de dirigi-los a certos fins; uma condução, que se o homem tivesse permanecido no estado de inocência, ele não a necessitaria. Agora, Deus criou os dois supostos símbolos desses poderes, os dois luminares, no quarto dia, e o homem, somente no sexto dia. Se a equiparação fosse correta, então Deus teria criado a qualidade antes do objeto (*accidentia prius producendo*), o que seria absurdo. Além disso, se os dois poderes, que devem ser tidos como remédios contra a doença do pecado (*sunto ergo huiusmodi regimina remedia contra infirmitatem peccati*), foram criados em um momento em que o homem ainda não existia (nem muito menos havia pecado!), então, Deus teria atuado como um médico leviano que antes do nascimento do homem lhe prepara um curativo para uma ferida que ele possa vir a ter. Esse raciocínio, com base autenticamente

CAPÍTULO VIII – ESTADO E IGREJA

escolástica, nos é hoje de difícil compreensão; ainda menos, pois não se pode entender a coincidência ou identificação do símbolo com o objeto simbolizado (uma vez que só o primeiro, isto, é, o Sol e a Lua, e não o último, ou seja, os *"accidentia"*, os *regimina*, foram criados por Deus nos primeiros dias, especificamente, antes do homem). Em sua segunda argumentação contra a teoria dos dois luminares, Dante diz que a Lua, apesar de não ter luz suficientemente e ter que recebê-la do Sol, não depende dele em absoluto para sua existência, nem em sua virtude nem em sua atividade (*Quantum est ad esse, nullo modo dependat Luna a Sole nec etiam quantum ad virtutem nec quantum ad operationem simpliciter*). Uma vez que seu movimento procede de um motor próprio, ela teria inclusive, até certo grau, uma luz própria, como se manifesta em seu eclipse. Ela recebe a abundante luz solar unicamente para funcionar melhor e com mais eficácia. "Digo, pois," continua Dante,

> que o reino temporal não recebe sua existência do espiritual, nem sua virtude, que é sua autoridade, nem o seu funcionamento, em absoluto, mas, sim, ele recebe a possibilidade de atuar com mais força mediante a luz da graça que no céu e na terra se fundem na benção do Papa.
>
> *Sicut ergo dico quod regnum temporale non recipit esse a spirituali, nec virtutem, quae est eius auctoritas, nec etiam operationem simpliciter; sed bene ab eo recipit, ut virtuosius operetur per lucem gratiae, quam in coelo et in terra benedictio summi pontificis in fundit illi.*[226]

Assim, Dante entende sobre a teoria dos dois luminares, compreensão que ele esposa também em outros lugares, como na *Epistula ad principes Italicos*, na qual ele diz de Henrique IV: ele é aquele, a quem

---

[226] Nota 1 no original: Cf. o rechaço em termos semelhantes da teoria dos dois luminares em João de Paris, em *De potesta regia et papali*, cap. 15: *Quod vero dicitur quarto: fecit Dominus duo luminária* [...]. *Princeps illuminationem et informationem de fide habet a Papa et Ecclesia tamen potestatem habet sibi propriam et distinctam quam non habet a Papa sed a Deos immediate*. "Conforme a quarta afirmação: Deus criou as luzes [...]. Assim, o príncipe recebe do Papa e da Igreja a iluminação e a instrução sobre a fé, mas seu poder existe em si, é autônomo e não deriva do Papa, mas, sim, diretamente de Deus".

Pedro, vigário de Deus, nos exorta a honrar, a quem Clemente, atual sucessor de Pedro, ilumina com a luz da benção apostólica, com isso, quando o raio espiritual não é suficiente, brilha o esplendor da luz menor ([...] *ubi radius spiritualis non sufficiat ibi splendor minoris luminares illustret*). Também na "Carta aos florentinos" se utiliza a comparação entre o Sol e a Lua, aqui em uma versão tradicional. Com uma modificação certamente muito relevante, aparece também na *Divina Comédia*, em um trecho extremamente característico do modo e da maneira em que o poeta concebia a relação entre o Papa e o Imperador: *Purgatorio*, canto XVI, versos 103 e ss., onde se diz:

> *Ben puoi veder che la mala condotta / E la cagion che il mondo ha fatto reo, / E non natura che in voi sai corrotta / Soleva Roma, che il buon mondo feo, / Due soli aver, che l'una e l'altra strada / Facean vedere, e del mondo e di Deo. / L' um l'altro há spento / ed a giunta la spada; Col pastorale [...].*
>
> Não é a natureza que é infame e perversa / É somente a má condução que leva o mundo / Ao obscurantismo. / Roma converteu para a sorte do mundo / Dois sóis,[227] um tomou o caminho do mundo / O outro clareou o caminho de Deus / Um apagou o brilho do outro; e em seu destino / Se unem espada e cajado pastoral [...].

Por essa compreensão, o Imperador também é um Sol e não uma Lua, que é dependente do astro diurno. É neste momento que o poeta se emancipa da teoria dos dois luminares em sua versão tradicional, expressando de maneira mais clara e nítida sua ideia da relação entre os dois poderes que, aceitando a comparação formulada pelos adversários, ele ainda se esforça para modificá-la de um modo mais ou menos forçado.

Os capítulos seguintes que vão do cinco ao oito do terceiro livro *De Monarchia* se dirigem contra uma série de argumentos também tomados da Bíblia e que foram utilizados pelos adversários para

---

[227] Nota 1 no original: A referência aqui é ao Papa e ao Imperador.

CAPÍTULO VIII – ESTADO E IGREJA

defender suas concepções sobre a relação em questão. São refutadas como logicamente falsas as conclusões extraídas a partir da comparação dos dois poderes com Levi e Judá, filhos de Jacó,[228] pois, se Levi, que supostamente representa o poder eclesiástico, precedeu o nascimento de Judá, que simboliza o domínio temporal, disso não se pode inferir, de maneira alguma, uma proeminência da Igreja em relação ao Estado no tocante à autoridade, pois autoridade e nascimento são conceitos distintos que nem sequer estão reciprocamente em relação de causa e efeito, uma vez que as pessoas mais jovens podem muitas vezes preceder às maiores em autoridade. O capítulo 6 se ocupa da deposição do rei Saul pelo profeta Samuel como suposto vigário de Deus, um evento bíblico muito utilizado na Idade Média como analogia paradigmática à relação entre Papa e Imperador. A consequência extraída desse episódio que simboliza a superioridade geral do vigário de Deus sobre o senhor temporal esbarra no fato, diz Dante, de que Samuel não havia atuado como vigário (*vicarius*), mas somente como representante especial para este caso concreto (*legatus specialis ad hoc*) ou como núncio de Deus (*sive nuncius domini*). Na sequência, vem uma diferenciação jurídica entre "vigário" e "núncio":

> *Nam vicarius est, cui jurisdictio cum lege vel cum arbitrio commissa est, et ideo intra terminos jurisdictionis commissae de lege vel de arbitrio potest agere circa aliquid, quod dominus omnino ignorat. Nuntius autem non potest, in quantum nuntius; sed quam admodum malleus in sola virtute fabri operatur — sic et nuntius in solo arbitrio eius qui mittit illum.*

Todavia, o que cabe ao núncio, em geral, o vigário não pode fazer. Além disso, o fato (capítulo 7) de que Cristo seja senhor das coisas espirituais e temporais, conforme se depreende da oferenda dos Magos,[229] da qual ele recebeu não apenas incenso, mas também ouro, não permite inferir a consequência deduzida pelos adversários no sentido de que também o vigário de Cristo, o Papa, seja senhor e governador

---

[228] Nota 1 no original: Gênesis, cap. 29, versículos 34/35.
[229] Nota 1 no original: Evangelho de Mateus, cap. 2, versículo 11.

do temporal e do espiritual. Isso porque nenhum representante poderia ter a autoridade plena do senhor a que representa, nem mesmo Deus poderia criar alguém que pudesse lhe ser igual. No que concerne às palavras de Cristo a Pedro (capítulo 8): "Tudo que atares também será atado no céu, e tudo que desatares, será também desatado no céu", o que também foi endereçado aos outros apóstolos, não pode levar a interpretação de que o Papa, como sucessor de Pedro, por poder atar e desatar tudo, possa também desfazer as leis e decretos do *Imperium* (*leges et decreta imperii*) e promulgar leis e decretos em lugar do poder divino. O termo "tudo" não deve ser tomado de maneira absoluta, mas, sim, relativa, referindo-se ao ofício espiritual do Papa, que limita naturalmente a extensão do conceito contido na palavra "tudo". No capítulo seguinte, Dante refuta integralmente a conhecida teoria das duas espadas, da qual sempre se valeram na disputa intelectual tanto o partido imperial quanto o papista e que, não muito antes da redação do *De Monarchia*, havia recebido um tipo de interpretação autêntica na famosa bula *Unam sanctam*, de Bonifácio VIII (1302), tão exacerbadamente odiado por Dante. A passagem da Bíblia, na qual se baseia a teoria, diz, como se sabe: "disseram eles (os Apóstolos): aqui há duas espadas. Respondeu-lhes: é o suficiente".[230] A interpretação que esse trecho mereceu dentro do partido curialista encontra sua formulação mais característica na bula supramencionada. Com base na identificação das duas espadas com os dois poderes, espiritual e temporal, e tomando-lhe como símbolo da Igreja para os apóstolos que pronunciaram aquelas palavras, cabe dizer:

> *Uterque est in potestate ecclesiae spiritualis scilicet gladius et materialis. Sed is quidem pro ecclesia ille vero ab ecclesia est exercendus. Ille sacerdotis, is manu regnum et militum, sed ad nutum et patientiam sacerdotis. Oportet autem gladium esse sub gladio et temporalem auctoritatem subjici spirituali potestati.*
>
> Ambas as espadas, a espiritual e a temporal, se encontram em poder da Igreja, uma tem que ser utilizada para a Igreja, e a outra

---

[230] Nota 1 no original: Lucas, cap. 22, versículo 38.

CAPÍTULO VIII – ESTADO E IGREJA

pela Igreja; aquela na mão do sacerdote, e esta na mão dos reis e soldados, mas somente de acordo com a ciência e o desejo do sacerdote. Uma vez que uma espada tem que estar sob a outra, e o poder temporal, submetido ao espiritual.[231]

Na polêmica trazida por Dante contra essa concepção chama, sobretudo, a atenção que em sua citação da bíblia, ele não atribui aos apóstolos, mas somente a Pedro as palavras: "Senhor, veja, há aqui duas espadas". Uma grande parte de sua contra-argumentação se baseia exatamente no erro de que Pedro teria dito essas palavras, toda vez que se esforça para demonstrar que não haveria que atribuí-las um significado especial, justamente, por causa da pessoa que as disse, cuja simplicidade e imprudência não permitem uma interpretação simbólica de palavras ditas de maneira tão sensível e sem segundas intenções. Diante disso, assim começa a contra-argumentação de Dante, a resposta: "Veja, Senhor, aqui há duas espadas", como se com ela se fizesse referência aos dois poderes, o que contraria a intenção de Cristo (*illa responsio non fuisset*

---

[231] Nota 2 no original: Em termos semelhantes, se expressa também Egídio Romano em *De ecclesiastica potestate*, livro I, cap. 3: *"Non est potestas nisi a Deo, sed et omnis habet ordinata a esse, quoniam, ut tangebamus, quae sunt a Deo oportet ordinata esse. Non essent autem ordinata, nisi unus gladius reduceretur per alterum et nisi unus esset sub altero [...]. Gladius ergo temporalis tanquam inferior reducendus est per spiritualem, tamquam per superiorem et unus ordinandus est sub altero tamquam inferior sub superiori"*. "Não há poder que não seja procedente de Deus e todo poder tem que estar ordenado, porque, como mostramos, tudo o que deriva de Deus tem que estar ordenado. Entretanto, não há ordem alguma se uma espada não se reduzir a outra, se não estiver a ela subordinada [...]. A espada temporal tem que estar tanto reduzida quanto subordinada à espiritual, e uma tem que estar sob a outra, como o superior sobre o inferior". Assim como em Agostinho Triunfo: *"Quem gladium (temporalem) tuum (Papae) esse, qui negat, non satis videtur attendere verbum domini dicentis sic: converte gladium tuum in vaginam. Tuus ergo gladius evaginandus est ad tuum imperium; alioquin si nullo modo ad te pertineret dicentibus Apostolis: Ecce duo gladii hic, non repondisset "satis est", sed unus est; Potestas ergo jurisfictionis spiritualium ed temporalium imediate est in solo Papa"*. "Quem nega que a espada (temporal) pertence ao Papa não parece respeitar suficientemente a palavra do Senhor que disse: 'Embainha a espada'. Sua espada tem que ser desembainhada para o seu império. Em outro caso, se não tivesse se referido a ti, não teria respondido 'é suficiente' às palavras dos apóstolos 'Há aqui duas espadas', a não ser que tivesse respondido 'Há uma'. Portanto, o poder temporal e o espiritual estão submetidos imediatamente ao Papa".

ad intentionem Christi). Este, como demonstram as palavras que precedem o trecho, não queria simplesmente duas espadas, mas, sim, uma para cada apóstolo, ou seja, doze espadas, e sua resposta "é suficiente" somente teria sentido: "por necessidade digo que se não pode ter cada um a sua, então, podem ser suficientes apenas duas espadas" (*dicens ei "Satis est" quase diceret: propter necessitatem dico sed si quilibet habere non potest, due sufficere possunt*). Seria, então, de evitar, no que for possível, uma interpretação alegórica dessa passagem: mas se aquelas palavras de Cristo e de Pedro tivessem que ter um sentido figurado (*quod si verba illia Christi et Petri typice sunt accipienda*), então, as duas espadas poderiam ter o mesmo sentido que aquela espada a que se disse no Evangelho de Mateus (cap. 10, versículo 34/35): "Eu não vim para trazer a paz, mas, sim a espada, porque eu vim para separar os homens de seu pai [...]", o que fizera tanto com as palavras quanto com os atos (*quod quidem fit tam verbo quam opere*). Somente este poderia ser eventualmente o sentido da espada que Cristo queria fazer adquirir e ao qual Pedro respondia que havia duas, pois os apóstolos estariam preparados para a palavra e para as empreitadas, para executar o que Cristo, segundo sua palavra, viera fazer com a espada. Uma argumentação muito similar pode ser encontrada em João de Paris, *De potesta regia et papali,* cap. 19:

> *Quod vero XXX dicitur de duobus gladis respondeo: Non est hic nisi allegatio allegorica ex quo non potest summi argumentum [...] et per duos gládios intelligunt gladium verbi et gladium instantis persecutionis [...].*
>
> A respeito das duas espadas, eu respondo: não é mais que uma alegoria da qual não se pode extrair nenhum argumento [...]. Por duas espadas se entende a espada da palavra e a espada da solícita persecução[...].

E em *Quaestio in utramque partem,* diz-se no art. II:

> *De spirituali gládio dicit idem Apostolus, Ephes. 5: "Galeam assumitte et gladium spiritus, quod est verbum dei [...]".*

CAPÍTULO VIII – ESTADO E IGREJA

"Sobre a espada espiritual disse o mesmo apóstolo, Efes. 5:[232] toma o elmo e a espada do espírito que é a palavra de Deus [...]".

Dante rebateu junto com a teoria das duas espadas também os argumentos contrários extraídos do Livro Sagrado. O que se aplica contra os que supostamente se agarravam aos feitos de Papas e Imperadores, começando pela doação de Constantino, um episódio que o lado curialista entendia como a transferência do Império e de todo o poder temporal em favor do Papa. Assim, pensava Tomás de Aquino (ou seu discípulo Bartolomeu de Luca) no terceiro livro *De regimine principum*, cap. 16:

> [...] in domínio cessit vicário Christi, Beato videlicet Sylvestre, cui de jure debebatur ex causis et rationibus superiu assignatis: in qua quidem cessione spirituali Christi regno adjunctum est temporale, spirituali manente in suo vigore [...].
>
> [...] foi cedido ao Papa Silvestre, a quem era devido por direito em função das causas e razões ditas anteriormente. Essa doação somou ao senhorio espiritual de Cristo o domínio temporal, em uma operação na qual o poder espiritual manteve seu antigo vigor.

Dante enfatiza a inadmissibilidade dessa doação, demonstrando, por um lado, da maneira que já foi aqui exposta, que o Imperador não estava autorizado para fazer tal doação e sustentando, por outro lado, a incapacidade da Igreja para recebê-la, a qual estaria presente em passagens do Livro Sagrado, nas quais contêm uma proibição expressa aos apóstolos de receber bens temporais (Mateus, cap. 10, versículo 9). O Imperador poderia transferir à Igreja "um patrimônio" e outras coisas (*patrimonium et alia depotare*), mas sem prejudicar com isso a propriedade superior (*inmoto semper superiori dominio*);

---

[232] O correto é cap. 6, versículo 17.

e o vigário de Deus poderia recebê-lo, mas não como *possessor* (proprietário?),[233] mas, sim, como distribuidor dos bens da Igreja aos pobres de Cristo, como é sabido que fizeram os apóstolos

> *Poterat vicarius Dei recipere, non tamquam possessor sed tamquam fructuum pro ecclesia por Christi pauperibus dispensator; quod Apostolos fecisse non ignoratur.*

O que se discute aqui é o que Dante quer dizer com essa frase, formulada de maneira muito imprecisa do ponto de vista jurídico. Em minha opinião, quer dizer que o Imperador pode transferir à Igreja fundos e bens a título unicamente jurídico-privado, devendo permanecer inalterada a soberania estatal do território – o *dominum superius*. De acordo com a teoria medieval da propriedade dividida, o *dominium superius* compete ao senhor feudal. A concepção jurídico-privada do Estado que é característica do sistema feudal, da autoridade imperial, fazia as vezes do conceito moderno de soberania territorial do Estado. Conforme a opinião de Dante, a Igreja somente poderia ter com os bens temporais, especialmente os fundos, uma relação que hoje entendemos como de direito privado. Opinião que também é compartilhada, por exemplo, por João de Paris, quando afirma que à Igreja, como tal, não corresponde nenhum *dominium in temporalibus* e somente pode obtê-lo com base em um título concreto de aquisição (e de direito privado, como, por exemplo, a doação de um príncipe). No *Prooemium* de *De potesta regia et papali*, se diz:

> *Nec debetur eis (praelatis ecclesiae) per se ratione sui status et ratione, qua sunt vicarii Christi et Apostolorum successores: sed eis convenire potest habere talia (dominium in temporalibus) ex concessione et permissione*

---

[233] Nota 1 no original: *Possessor* não pode significar aqui "possuidor" no sentido jurídico estrito, toda vez que o Papa ou, no caso, a Igreja tem que ser ao menos possuidores para poder levar a cabo a distribuição de frutos que se exige a seguir. É evidente que possuidor se refere aqui ao alemão Besitzer [proprietário] em sentido vulgar, no jurídico. Também Hubatsch traduz para "proprietário"; Kannegiesser, ao contrário, mantém "possuidor", o que não tem muito sentido.

CAPÍTULO VIII – ESTADO E IGREJA

principum si ab eis ex devotione aliquid fuerti collatum eis, vel si habuerint aliunde.

Não lhes é devida (aos prelados da Igreja) por razão de seu estado e por serem vigários de Cristo e sucessores dos apóstolos. Somente podem tê-la (propriedade temporal) em virtude de concessão e permissão dos príncipes, se por motivo de devoção ou se a obtiveram por outra razão.

Dante não diz com muita clareza como concebe em detalhes essa relação do direito privado da Igreja com os bens que lhe são transferidos pelo Imperador. Em primeiro lugar, a Igreja não pode ser proprietária desses latifúndios.[234] Ela os tem somente para administrá-lo e para repartir seus frutos dentre os pobres.[235] A partir dessa passagem, cujo texto também não é inteiramente confiável, não se pode ter certeza sobre quem Dante pensou como proprietário dos bens (se ele mesmo pensa nos *pauperes Christi*). No entanto, me parece pouco factível que Dante negue à Igreja a possibilidade de ter a propriedade sobre bens temporais. Ademais, uma ideia que estaria em consonância com suas opiniões sobre a carência material de Cristo é a sua simpatia pelos franciscanos.[236] Nessa questão da propriedade eclesiástica, objeto de uma calorosa polêmica durante os séculos XIII e XIV, o poeta parece manter-se unido aos autores que, entre aqueles de posições extremadas que se destacaram na discussão do problema, adotaram uma postura equilibrada. Enquanto

---

[234] Nota 1 no original: Expressamente o mencionado é o Papa, mas há que se depreender a partir de outras passagens que Dante se refere à Igreja, do mesmo modo que nesta mesma frase ele define as rendas dos latifúndios como *fructus pro ecclesia*; entretanto, não cabe essa interpretação se outra leitura for acolhida: *Fructum pro ecclesia proque Christi pauperibus dispensator*, pois neste caso se modifica essencialmente o sentido da passagem.

[235] Nota 2 no original: Cf. no que tange à uma citação de *Quaestio de potestate papae*: "*Certum est enim, quod praelati non sunt domini rerum ecclesiasticarum, sed dispensatores tantum*". "É certo que os prelados não são proprietários dos bens eclesiásticos, mas, sim, somente usufrutuários".

[236] Nota 3 no original: Sobre a relação de Dante com a ordem dos franciscanos cf. KRAUS, Franz Xaver. *Dante, sein Leben, sein Werk, sein Verhältnis zur Kunst und zur Politik*. Berlin: Grote, 1897, pp. 736 e ss.

alguns, apoiados na autoridade da Bíblia e se baseando na carência material dos apóstolos, defendem a carestia absoluta da Igreja e nem sequer recuavam ante a possível consequência de ter que declarar hereges todos os Papas que não haviam observado esse mandamento; e outros, apoiados na mesma autoridade, defendiam a idoneidade da Igreja para qualquer propriedade temporal e tinham como herética a posição contrária a essa. Entre esses e aqueles, encontravam-se os que não atribuíam à Igreja nenhuma possessão a título próprio, mas sim uma possessão em nome de outros, concretamente dos pobres. Em todo caso, essa posição intermediária, sustentada também por numerosos clérigos, se aproximava até o mais extremo que advogava pela pobreza absoluta da Igreja.[237] Que Dante também aderiu à posição intermediária é provável, mas sem aprovar em absoluto as consequências jurídico-estatais que, conforme a doutrina de seu tempo, não distinguia exatamente entre o direito privado e o público, as quais seguiam certamente a concepção contrária que, ao afirmar o direito da Igreja a ter propriedades, abria uma condição para que também ela pudesse reclamar para si os direitos de soberania. Esse raciocínio se desenvolve com clareza no publicista curialista Egídio Romano. É patente aqui o contraste da concepção de

---

[237] Nota 1 no original: Cf. quanto à questão, Siragusa "A propriedade eclesiástica segundo Dante" (*In: Gionale Dantesco*, VII, pp. 289 e ss.). Para avaliar a posição de Dante sobre o caso da propriedade eclesiástica há que se ter em conta uma passagem também de *De Monarchia* (II, 12): *Maxime enim fremuerunt et inania mediati sunt in Romanum principatum, qui zelatores fidei Christianae se dicunt; nec miseret eos pauperum Christi (quibus non solum defraudatio fit in ecclesiarum proventibus, quinimo patrimonia ipsa quotidie rapiuntur et depauperatur Ecclesia) dum simulando justitiam executorem justitiae non admittunt*. "Ninguém mais se enfureceu e pensou coisas vãs contra o principado romano que não fosse os defensores da fé cristã; e não se compadecem dos pobres de Cristo (a quem não apenas defraudam as rendas da Igreja, mas também rapinam cotidianamente seu patrimônio e empobrecem a própria Igreja), enquanto simulando a justiça, não admitem um executor da justiça".

Se adota a menção dessa passagem textualmente, não isento de dúvidas, na proposta de Francesco D'Ovidio: "La proprietà ecclesiastica secondo Dante", no volume XXIX das *Atti della R. Accademia di Scienze Morali e Politiche di Napoli*. Quanto à semelhança da teoria dantesca com as ideias do rei Roberto de Anjou, cf. SIRAGUSA., *L'ingegno, Il sapere e gl'intendimenti di Roberto d'Angiò,* com nuovi documenti., Turim-Palermo: Clausen, 1891.

CAPÍTULO VIII – ESTADO E IGREJA

Dante com as passagens do tratado *De ecclesiastica potestate*, livro III, cap. 4, como se pode comprovar:

> *Patet quod omnia temporalia sunt sub domino Ecclesiae collocata, et si non de facto, quoniam multi forte huic iuri rebellantur, de jure tamen et ex debito temporalia summo pontifici sunt subjecta, a quo jure et a quo debito nullatenus possunt absolvi.*

É claro que todo temporal está sob a propriedade da Igreja; e, se não o está *de facto* – porque talvez muitos se rebelem contra esse direito –, estão *de jure*, segundo o Direito, o temporal está subordinado ao Papa, de cujo direito e de cujo dever ninguém pode se liberar.

Ainda no mesmo livro, no excerto 2, cap. 6:

> *His ergo declaratis volumus descendere ad propositum et ostendere, quod nullum sit dominium cum justitia, nec rerum temporalium, nec personarum laicarum nec quorumcumque, quod non sit sub Ecclesia et per Ecclesiam, ut agrum vel vineam vel quodcumque, quos habet hic homo vel ille non possit habere cum justitia, nisi habeat id sub Ecclesia, vel per Ecclesiam.*

Isso declarado, queremos transcender o caso e demonstrar que não há propriedade com justiça nem bens temporais, nem pessoas laicas, nem qualquer outro, que não esteja sob a Igreja ou pela Igreja, de maneira que ninguém pode ter com justiça, nem um campo, nem um vinhedo, nem qualquer outra coisa se não for sob a Igreja ou pela Igreja.

Basta comparar essas duas passagens com as afirmações de Dante para, com toda sua imprecisão e sua falta de clareza, verificar até que ponto Dante estaria distante de compartilhar, no tocante à propriedade eclesiástica, a concepção que levou às últimas consequências Egídio Romano.[238]

O segundo argumento histórico utilizado para justificar a subordinação do Império ao Papado, aquele que Carlos Magno havia recebido do Papa Adriano a dignidade de Imperador e que por isso todo Imperador depois dele teria que ser nomeado pela Igreja, não teria nenhum valor porque a História também oferece um caso exatamente oposto, como a deposição de Benedito e a imposição de Leão pelo Imperador Otto. Em nenhum dos casos havia um direito, mas, sim, a usurpação de um direito. Assim, Dante continua a prova da razão de seus adversários – todos os homens, como elementos de um gênero têm que se reduzir a um só, que é o mais perfeito desse gênero, sua ideia e sua medida; o Papa e o Imperador são homens e, dado que o Papa não pode ser reduzido a um superior, então o Imperador, como todos os demais homens, tem que ser reduzido ao Papa, como sua medida e regra; se constata do seguinte modo que os conceitos de Papa e de Imperador não se incluem no conceito de homem, mas, sim, que são apenas qualidades acessórias, não essenciais, do conceito de homem. Por isso, o Papa e o Imperador têm, enquanto homens, que ser referidos em uma medida distinta daquela, cuja virtude são o Papa e o Imperador. "Ser Papa" e "ser Imperador" entram na categoria do governar, cuja unidade suprema se realiza em "Deus". Logo, o Papa e o Imperador não dependem um do outro, mas, sim, estão ambos em um mesmo plano, abaixo de Deus.

Depois da refutação dos argumentos contrários, Dante passa à demonstração positiva de sua tese sobre a independência do Império

---

[238] Nota 1 no original: É perfeitamente possível que Agostinho Triunfo também não veja no ato de Constantino uma doação, mas, sim, uma restituição do patrimônio a que pertencia à Igreja por direito, livro I, cap. 1: *"Si inveniatur, quandoque aliquos Imperatores dedisse aliqua temporalia sumis Pontificibus, sicut Constantinus dedit Sylvestro, hoc non est intelligendum quod suum est, sed restitueretur, quod injuste et tyrannice ablatum est"*. "Se ocorreu de alguma vez um Imperador doar aos Papas certos bens, como Constantino doou a Silvestre, não há que se considerar esses bens como de sua propriedade, mas, sim que houve uma restituição daquilo que foi tomado injusta e violentamente".

CAPÍTULO VIII – ESTADO E IGREJA

ante o Papado (*De Monarchia*, livro III, cap. 13). A autoridade da Igreja não pode ser a causa da autoridade imperial, pois o Império precede temporalmente a Igreja, o qual já existia na época em que a Igreja não existia.[239]

> *Quod autem auctoritatis ecclesiae non sit causa Imperialis auctoritatis, probatur sic: Illud, quo non existente, aut quo non virtuante aliud habet totam suam virtutem non est causa illius virtutis. Sed ecclesia non existente aut non virtuante Imperium habuit totam suam virtutem.*[240]

O que foi demonstrado pelo próprio Salvador, que expressamente e tacitamente reconheceu como legítimo o domínio romano. Dante se serve do argumento abaixo para demonstrar o acerto de sua concepção está relacionado novamente com a doação de Constantino e seu teor literal, como se segue:

> *Si etiam Constantinus auctoritatem non habuisset, in patrocinium ecclesiae illa quae de imperio deputavit ei, de jure deputare non potuisset; et sic Ecclesia, lla collationem unteretur injuste, cu Deus velit, oblationes esse immaculatas, juxta illud Levitici [...]. Sed dicere, quod Ecclesia sic abutatur patrimonio sibi deputato est valde inconveniens.*

---

[239] Nota 1 no original: Em termos similares, João de Paris, *De potesta regia et papali*, cap. 11: "*Item prius fuit potestas regia secundum se et quantum ad executionem, quam Papalis; et prius fuerunt reges Franciae in Francia, quam Christiani: ergo postestas regia nec secundum se nec quantum ad executionem est a Papa*". "O poder real em si e quanto a seu exercício é anterior ao papal; houve reis da França na França antes mesmo que cristãos, portanto, o poder real não depende do Papa nem em si nem quanto sua execução".

Egídio Romano, por exemplo, (em *De ecclesiastica potestate*, livro I) se opõe alegando a maior antiguidade do sacerdócio, cuja origem data do primeiro sacrifício oferecido a Deus por Adão e Abel. Agostinho Triunfo (*Summa de potestate papae*. quaestio XXXVI, artigo. 1) somente admite que o Estado pagão, representado por Caim, é mais antigo que o sacerdócio; mas o Estado justo é uma instituição do sacerdócio.

[240] "Que a autoridade da Igreja não é causa da autoridade imperial pode, assim, se provar: o que existe ou tem sua virtude sem que exista ou atue outro não deve a esse outro sua virtude. E o Império teve toda sua virtude quanto a Igreja nem existia nem atuava".

> Se Constantino não tivesse autoridade, não poderia ceder de direito à Igreja os bens do Império que estavam sob sua proteção e guarda, sendo que se assim fosse a Igreja teria recebido a doação injustamente, pois Deus quer que tais doações sejam imaculadas, segundo as palavras de Levítico, terceiro livro de Moisés [...].[241] Ainda assim, dizer que a Igreja teria abusado do patrimônio recebido é muito inconveniente.

Em um primeiro momento, é perceptível que essa passagem contradiz abertamente o que foi dito por Dante no capítulo 10 quanto à doação de Constantino, pois ali se chega à conclusão de que o Imperador não estava autorizado para doar algo ao Império (*nihil poterat de imperio conferre*) e que aqui ele apoia a sua tese precisamente no contrário! Somente há duas possibilidades para resolver essa contradição: em primeiro lugar, cabe interpretar a expressão *de imperio* na frase *illa quae imperio deputavit ei* no sentido de "virtude do império, conforme o império" e não no genitivo partitivo, de maneira que a amplitude do *illa quae* se restrinja a uns limites que se correspondam com os argumentos do capítulo 10; ou seja, poderia entender-se no que se refere a uma parte do poder do Estado, mas também à propriedade privada outorgada em virtude desse poder. Entretanto, essa interpretação esbarraria nos usos linguísticos de Dante, que somente utiliza "de" com ablativo no lugar do genitivo partitivo, como demonstra a expressão utilizada precisamente no capítulo 10: *nihil [poterat] de imperio conferre*. Para designá-lo, é necessário assumir que o significado literal da palavra subsequente à expressão de imperio seja "dividir", o que corresponde perfeitamente com a interpretação do *de imperio* no sentido partitivo. A outra possibilidade de superar a contradição consiste em aceitar que aqui Dante abandona, aparentemente, seu próprio ponto de vista e assume o dos adversários para atacar-lhes de algum modo com as mesmas armas e demonstrar-lhes como suas próprias afirmações se contradizem com os pressupostos dos quais elas partem. Entretanto, essa possibilidade, ainda que mais plausível que a anterior, também não conduz, em minha

---

[241] Nota 1 no original: Levítico, cap. 2, versículo 11: "Toda oblação que oferecerdes ao Senhor Javé há de ser feita sem fermentos".

CAPÍTULO VIII – ESTADO E IGREJA

opinião, a nenhum resultado confiável e, portanto, somente nos resta nos afiançar à conjectura de que se trata de uma incorreção no texto.[242]

Na continuação de sua explanação, Dante explica mais adiante (no capítulo 14): se a Igreja tivesse o poder de conferir autoridade ao príncipe romano, tal poder viria de Deus ou de si mesma ou de um imperador ou do consentimento geral dos homens (*ab universo mortalium adsensu*) ou, ao menos, dos cidadãos mais ilustres deles. No entanto, ele não o recebeu de ninguém; não o recebeu de Deus, isto é, de alguma lei divina (*lex divina*), porque nem no Antigo nem no Novo Testamento, onde estão as leis divinas, não tem nada a respeito; tampouco de si mesma, pois isso seria logicamente impossível; nem de um Imperador, por razões antes expostas. Também não o recebeu a partir do consentimento dos cidadãos mais ilustres, visto que a maior parte dos habitantes da Europa estava alheia a essa relação. O que interessa dessa inútil afirmação é o reconhecimento da possibilidade de uma transferência de poder por meio de um "consentimento geral dos homens"; uma ideia que constitui um dos elementos essenciais da teoria da soberania popular e que confirma as considerações sobre o assunto desenvolvidas no sétimo capítulo desta obra.

A seguir, o capítulo 15, com o auxílio de um robusto aparato escolástico, traz os dizeres de Cristo: "Meu reino não é deste mundo" para negar o domínio temporal da Igreja,[243] partindo do pressuposto de

---

[242] CIPOLLA, Carlo. "Il trattato 'De Monarchia' di Dante Alighieri e l'opuscolo 'De potestate regia et papali' di Giovanni da Parigi". In: *Memorie della Accademia delle Scienze di Torino*. n. 2, t. 42, Torino: Clausen, 1892, p. 408. "*Parmi che qui Dante parli non della donazione dell'imperio, ma delle offerte speciali, cioè di quelle largizioni minori, che Dante stesso non impugnava, quantunque anche alla proprietà di queste egli si mostrasse sfavorevole*".

[243] Nota 2 no original: De maneira parecida, *Disputatio inter militem et clericum*. "*Ipse enim Christus dixit Pilato: Regnum meum non est de hoc mundo. Et quod 'non venit ministrati sed ministrare', Lucas 12. Hoc testimonium a Deo manifestum est ut hominem resistentem possit confundere, et cervicem duram obterere*". "Mesmo Cristo disse a Pilatos: 'Meu reino não é deste mundo', que não havia vindo para ser servido, mas para servir, Lucas, 12. Esse testemunho é tão impactante, que ele pode até colocar em dúvidas um homem obstinado e convencer o cabeça-dura".

que a vida de Cristo tem que ser a ideia e o modelo da Igreja militante (*vita enim ipsius [Christi] idea fuit et exemplar militantis ecclesiae*).

O último capítulo – o mais importante de todo o arcabouço argumentativo traz finalmente a solução definitiva do problema. Sob a teoria já aqui mencionada em outro momento das duas felicidades, a terrena, que consiste na atuação das próprias faculdades intelectuais e físicas (*quae in operatione propriae virtutis consistit*), e a celestial, que se baseia na fruição da contemplação de Deus (*quae consistit in fruitione divini aspectus*) – é traçada uma linha demarcatória entre Estado e Igreja, conferindo àquele a felicidade terrena dos homens e a esta a felicidade celestial como âmbitos exclusivos de competência, respectivamente. Em função da autonomia de ambos os fins, postula-se uma independência recíproca entre os poderes, que se traduz no Imperador, como condutor da humanidade à felicidade terrena, e no Papa, como condutor até a felicidade celestial, declarando-se independentes tanto entre si quanto de uma terceira força que não seja Deus, "a partir da qual, como de um único ponto, se dissociam o poder de César e o de Pedro".[244] Assim, com as seguintes palavras, ele conclui o terceiro livro e, com ele, toda a obra *De Monarchia*:

[...] Assim também João de Paris, *De potesta regia et papali*, cap. 8. Não são pouco interessantes as afirmações no sentido contrário de Agostinho Triunfo: *Summa de postestate papae*, livro I, cap. 7:

"*Christus no dixit: regnum meum non est in hoc mundo, quia in hoc mundo et in futuro regnat super fideles suos; sed dixit non est de hoc mundo, quiquid de hoc mundo est, uiduid de hoc mundo est, quidquid homine est a Deo creatum, et a vitrata stirpe Adae creatum [...]. Vel potest dici, quod regnum Christi non fuit de hoc mundo, quia non fuit modo mundano, quomodo sunt alii reges, qui ex fortitudine ministrorum accipiunt potestatem regnandi; ipse autem regnandi super suos, sibi ipsi sufficiens, multo alio adminiculo indigens*". "Cristo não disse: 'Meu reino não é deste mundo' porque ele reina sobre seus fiéis neste mundo e nos futuros; mas, sim, disse que não é deste mundo, ou seja, deste mundo é o que é criado por Deus para o homem e procede da estirpe pecaminosa de Adão [...]. Ou se pode dizer que o reino de Cristo não é deste mundo porque não é de tipo mundano, como o é os dos outros príncipes, que apoiam seu poder de domínio na fortaleza de seus servidores. No entanto, Cristo se basta em seu poder de domínio e não necessita de nenhum outro apoio".

[244] Nota 1 no original: Ver: "Carta aos príncipes e senhores da Itália".

CAPÍTULO VIII – ESTADO E IGREJA

Quae quidem veritas ultimae quaestionis non sic stricte recipienda est, ut Romanus princeps in aliquo Romano Pontifici non subjaceat; cum mortalis ista felicitas quodammodo ad immortalem felicitatem ordinateur. Illa igitur reverentia Caesar utatur ad Petrum, qua primogenitus filius debet uti ad patrem; ut luce paternae gratiae illustratus, virtuosius orbem terrae irradiet, cui ab illo solo praefectus est, qui est omnium spiritualium et temporalium gubernator.

A verdade desta última questão não pode ser tomada em seu sentido estrito de que o príncipe romano não está submetido em nada ao pontífice romano, pois a felicidade terrena está ordenada de algum modo à felicidade imortal. Por isso, o César deve guardar reverência para com Pedro, como o filho primogênito a seu pai, para que, irradiado com a bênção paterna, ilumine esplendorosamente toda a órbita da terra, sobre a qual está presente o Pai de todos, o qual é sozinho o governador de todas as coisas espirituais e temporais.

Ninguém pode escapar da contradição[245] presente final do terceiro livro com o conjunto da obra. Fica quase parecendo como se Dante, agora, recolhesse cada estandarte que ele mesmo orgulhosamente ostentara quanto à "independência do Imperador frente ao Papa" e à "liberdade do Estado ante a Igreja". Valendo-se de todos os meios de uma dialética afiada, de uma convicção entusiasmada, ele se esforçou para reunir os argumentos para defender um poder estatal autônomo; e, agora, quando se trata de tirar as conclusões, fala, com palavras vagas e ambíguas, de uma *"reverentia de César a Pedro"* e de que de algum modo a felicidade terrena depende propriamente do céu. Com isso, depois de tanto esforço em sua ousada argumentação, Dante mesmo derruba toda sua construção!

---

[245] Nota 2 no original: CF. Sobre o caso, WEGELE, Franz Xaver von. *Dante Alighieri's Leben und Werke*. 3ª ed. Jena: Fischer und Mauke, 1879, p. 43; SCARTAZZINI, Giovanni Andrea. *Dante Alighieri, seine Zeit, sein Leben und sein Werke*, 1869, p. 310; HETTINGER, Franz. *Die göttliche Komödie des Dante Alighieri*. Friburgo: Herder, 1880, p. 551; STAHL, Friedrich Julius. *Geschichte der Rechtsphilosophie*. 2ª ed. Heidelberg: Mohr, 1847, pp. 64/65.; e EICKEN, Heinrich Von. *Geschichte und System der mittelalterlichen Weltanschauung*. 1887, p. 402.

Seria equivocado atribuir a essa mudança de comportamento à pusilanimidade pessoal do poeta, a seu temor em romper com a autoridade eclesiástica governante. A audácia, dentro do que era para seu tempo uma inaudita liberdade, com que Dante fustiga os defeitos do Papado na *Divina Comédia* e com que chega a predizer o inferno para um Papa ainda em vida (Clemente V), demonstra o contrário! Portanto, se nesse ponto de seu sistema de ideias, Dante não é inteiramente coerente, se não extrai de seus próprios pressupostos as conclusões que a nós hoje em dia parecem evidentes, isso se deve a que, como autêntico filho de seu tempo e como um cristão profundamente crente,[246] não poderia ter outro comportamento. Como o fator religioso era extremamente valorizado na Idade Média, era inevitável a preferência pelo "celestial" em relação ao "terreno", de tal sorte que para o homem do século XIII era quase impossível a equiparação do temporal com o espiritual, do Estado com a Igreja. Nem mesmo o gênio pode se emancipar por completo de verdades forjadas no curso de um processo milenar.

A esse respeito, não se pode deixar de considerar que, concebida a humanidade como unidade, aceitar sua organização dualista – sob o Papa, por um lado, e sob o Imperador, por outro – está em conflito direto com o *principium unitatis*. Para ser coerente com esse princípio supremo, era necessário subordinar a organização de um ao outro, ou seja, absorver a Igreja no Estado ou o Estado na Igreja. A última opção foi a feita por quem era curalista radical, como demonstra a bula *Unam*

---

[246] Nota 1 no original: No que tange à relação de Dante com o dogma católico, é possível constatar, ao contrário de uma corrente protestante que o define como heterodoxo e precursor de Lutero e da Reforma, que Dante se manteve firme no terreno da Igreja Católica, naquilo que era a Igreja em sua época, não nesta de hoje, cujo dogma da infalibilidade o levaria à punição por suas pesadas críticas contra o Papa, as quais chegaram a condená-lo à pena no inferno! Uma investigação mais profunda sobre essa questão, que fica muito alheia à sua Teoria do Estado, não cabe nos marcos deste trabalho. Cf. a respeito KRAUS, Franz Xaver. *Dante, sein Leben, sein Werk, sein Verhältnis zur Kunst und zur Politik*. Berlin: Grote, 1897, pp. 721 e ss.; SCHIRMER, Wilhelm Cajetan. *Dante Alighieri's Stellung zu Kirche und Staat, Kaisertum und Papsttum:* eine Studie. Düsseldorf: Schrobsdorff'sche Buchhandlung, 1891, p. 12, observa com acerto que "Dante é um filho fiel da Igreja, mas que não faz a coincidência imediata entre Igreja e Papado".

CAPÍTULO VIII – ESTADO E IGREJA

sanctam. Com isso, o sistema eclesiástico parecia ser também muito mais coerente – visto que se baseava na supraordenação do espiritual sobre o temporal – e mais adequado à tendência intelectual da época do que o sistema oposto; uma vez que este não se atrevia a postular a subordinação da Igreja ao Estado, mas se obrigado a, com seu sistema de "separação entre Estado e Igreja", que para muitos não era em nada coerente, defender a clivagem da humanidade em duas organizações reciprocamente independentes. O que significava bater de frente com o pensamento de unidade. Para eles, a grande pirâmide da humanidade não culminava em um, mas, sim, em dois vértices, um do Papa e outro do Imperador, o que era bem difícil conciliar para tentar ser fiel ao princípio da unidade. Já havíamos visto como Dante almeja resolver a contradição de seu sistema: submete ambos, o Papa e o Imperador, à unidade comum do comando divino, ainda que sem proclamar de maneira clara sua plena e decorrente independência recíproca. O espírito incandescente de Dante permitiu ao poeta vislumbrar as novas ideias que se avizinhavam no horizonte, mas não lhe deu forças para romper por completo com as velhas. Certamente, a ideia moderna da completa separação entre Estado e Igreja está imbuída nas premissas de Dante e de algumas delas é até possível deduzir a subordinação da Igreja ao Estado; mas é falso que Dante por si próprio chegara a uma dessas conclusões, assim como também é equivocado entender as palavras finais do *De Monarchia* como uma proclamação da supremacia papal sobre o Estado. O que é seguro é que a posição de Dante no tocante ao problema em questão não é clara e é incoerente; mas a falta de clareza e a inconsistência não podem ser motivos para desmerecer a genialidade do poeta, pois elas respondem ao espírito de seu tempo; daquela época singular de equilíbrio entre os dois grandes antípodas da Idade Média e da Modernidade.

Dante também tomou por inúmeras ocasiões posição na *Divina Comédia* quanto à questão entre Estado e Igreja. Seu ponto de partida na obra é substancialmente o mesmo que em *De Monarchia*, o qual sem a roupagem poética não se expressa de maneira tão clara e ostensiva. Assim como na obra latina em prosa, também no poema volta a aparecer a polêmica contra o poder temporal da Igreja, o postulado da maior independência possível entre os poderes e outras questões decorrentes. Uma vez que todas essas passagens, de conteúdo absolutamente político, não são de especial relevância para a doutrina teórica do Estado e são objeto de estudo detalhado em numerosos comentários sobre a *Divina Comédia,* podemos nos limitar aqui aos mais importantes, desde que ainda não tenham sido citados. Em *Inferno* canto XIX, versos 90 e ss., diz Dante ao Papa Nicolau III, que definha no oitavo círculo do inferno por crime de simonia:

> *Deh! Or mi di': Quanto tesoro volle / Nostro Signore in prima da San Pietro / Che gli ponesse le chiavi in sua balía? / Certo non chiese se non: "Viemmi dietro".*
>
> Ah, diga-me: o que pede nosso Senhor e Pastor / A Pedro em ouro e tesouros? / Para que a ele empreste as chaves do escritório? / "Venha", diz Ele, "para continuar a minha obra".

Os versos seguintes do mesmo Canto (versos 115 e ss.) se pronunciam igualmente contra a riqueza e o poder temporal do Papa:

> Ah, Constantino, que calamidade causara / Não com o seu batismo, não, com a doação impura / Que fez ficar rico o primeiro Papa!

Dante advoga com palavras apaixonadas (em *Purgatório,* canto XVI, versos 94 e ss.) pela separação dos dois poderes e contra a reunião deles nas mãos do Papa. Depois da passagem já citada em que ele fala do Imperador e do Papa como os dois sóis, ele diz (verso 110):

> *L'un l'altro ha spento; ed a giunta la spada / col pastorale, e l'um com l'altro insieme / per viva forza mal convien che vada; / però che, giunti, l'un l'altro non teme.*
>
> Um astro apagou o brilho do outro, e em seu destino / Se unem espada e cajado pastoral em uma mão / Unidos em uma

CAPÍTULO VIII – ESTADO E IGREJA

associação à força / Porque juntos não se temem mais um ao outro, / Espada e cajado.

E no verso 127:

> Di' oggimai che la chiesa di Roma / Per confondere in sé duo reggimenti, / Cade nel fango, e sé brutta e la soma. / "O Marco mio" - diss'io -"bene argomenti", / Ed or discerno, perché dal retaggio / Li figli di Levi furono esenti.

A Igreja de Roma padece, porque na dupla honra / No duplo regimento agora se confunde / Em fezes se mancha e a seu fardo / "Meu Marco", eu disse, "uma luz forte recebe / Por meio de sua fala o meu espírito - eu vejo / O que afasta a tribo de Levi da herança.

Uma interpretação simbólica de muitos personagens da *Divina Comédia* e de determinados episódios do poema permite também jogar alguma luz sobre o problema em questão. Este é especialmente o caso, conforme Scartazzini e outros autores, de Virgílio, o guia de Dante em sua viagem sagrada, como símbolo do Império, e de Beatriz, sua amada divina, como a representante do Papado. A "visão do veículo", objeto de muitas e distintas interpretações, também oferece a uma leitura simbólica muitos pontos de apoio para o exame da relação discutida. Contudo, se pode prescindir aqui de uma análise mais detida de tais posicionamentos, pois seus resultados são de natureza muito imprecisa e sempre podem ser mais aprofundados, por isso não é recomendável utilizá-los em uma exposição científica da teoria do Estado de Dante. Além disso, travestidas da vestimenta simbólica aparecem sempre as mesmas ideias que foram formuladas em abstrato na prosa latina do *De Monarchia*.[247]

---

[247] Nota 1 no original: CIPOLLA, Carlo. "Il trattato 'De Monarchia' di Dante Alighieri e l'opuscolo 'De potestate regia et papali' di Giovanni da Parigi". In: *Memorie della Accademia delle Scienze di Torino*. n. 2, t. 42, Torino: Clausen, 1892, p. 326. Sustenta que as ideias de *Monarchia* não coincidem inteiramente com as da *Divina Comédia* porque estas são fruto de uma inflexão intelectual mais profunda.

CAPÍTULO IX

O IMPÉRIO UNIVERSAL – O IDEAL DE ESTADO EM DANTE

A origem histórica da ideia de Império universal – Sua fundamentação na especulação metafísica da Idade Média – A dupla formulação da ideia de Império universal – A teoria da translatio imperii – A monarquia de Dante, um Estado ideal – Povo e território no Estado universal de Dante – Origem e duração do Estado universal de Dante – Sua relação com entidades inferiores

A ideia de um governo universal que compreenda todos os reinos e países da Terra, esse pensamento tão bem-quisto pela Idade Média, encontrou sua mais grandiosa expressão no ideal político do Império universal de Dante e tem, desde a perspectiva histórica, uma dupla origem. Por um lado, o cristianismo que, com suas tendências cosmopolitas e expansionistas, confere sustentação à ideia de uma organização universal da humanidade; algo que ocorre certamente em franca oposição a princípios que lhe são originalmente característicos, o da diáspora e da negação do mundo – uma contradição que em grande medida é própria de toda cultura medieval.[248]

---

[248] Nota 1 no original: Cf. EICKEN, Heinrich Von. *Geschichte und System der mittelalterlichen Weltanschauung*. 1887, *per totum*, e p. 156, no qual se tenta resolver essa

Ao acabar com o culto aos deuses pagãos, cuja dimensão era de alcance estritamente local e nacional, o cristianismo derruba também os limites que separam os povos; e reunindo todas as nações à fé de um único Deus, perante o qual todos os homens são iguais, reduz também à unidade todo gênero humano: a teoria da unidade de Deus leva necessariamente à unidade de todos os homens, que foram criados à sua imagem e semelhança.[249] A doutrina cristã do amor encontra finalmente um meio para superar todos os fatores impeditivos da comunhão do gênero humano, como o orgulho da raça e a consciência nacional, dentre outros.[250] Por outro lado, o Império Romano, pela parte dos alemães, nesse "esplêndido anacronismo" da Idade Média, tem o início de sua derrocada de maneira visível com a coroação de Carlos Magno, o que obnubilou depois a muitos reinos alemães, fazendo--lhes esquecer das condições de seus próprios reinos, desoladoras e carentes de reformas para poder atender à vastidão sem limites, apenas conformada pelas tradições de um governo universal que abarcava toda a esfera mundial.

Essa ideia do Império universal do mundo não é uma concepção que se origina apenas historicamente, seja do cristianismo, seja do Império Romano, ela repousa também teoricamente (Bryce) na maneira de pensar da Idade Média, na peculiaridade da especulação metafísica da época. Já vimos, inclusive, no caso de Dante, até que ponto o assim chamado *principium unitatis* era de significado basilar para toda a concepção do mundo medieval. Era altamente incômodo para o pensamento medieval ver a humanidade politicamente cindida em uma pluralidade de Estados, que reunia entes que não tinham nenhum vínculo comum com uma unidade política superior, que pudesse materializar o conceito unitário de humanidade. Todo indivíduo singularizado e todo microcosmo

---

contradição e conciliar as aspirações da conquista do mundo e da fuga do mesmo.

[249] Nota 2 no original: BRYCE, James. *Das heilige römische Reich*. Leipzig: Kummer, 1873, p. 67.

[250] Nota 3 no original: A Antiguidade já conhece a ideia universal da humanidade e o conceito de um objetivo unitário da humanidade. As tendências cosmopolitas dos cínicos gregos e dos estoicos fazem madurar essas ideias. Posteriormente a ideia de humanidade foi defendida pelos neoplatônicos, cuja filosofia se aproxima também neste ponto da doutrina cristã. Também a filosofia romana do Direito opera, como se sabe, com o conceito de *"genus humanum"*.

CAPÍTULO IX – O IMPÉRIO UNIVERSAL – O IDEAL DE ESTADO EM DANTE

perecível – e, com isso, também a humanidade – constituíam um símbolo, uma metáfora do universo unitário e do macrocosmo eterno. Uma humanidade desordenadamente desmembrada em grupos maiores e menores não se compadecia com uma grandiosa imagem medieval do mundo. Uma concepção que tinha que ser especialmente defendida do ponto de vista do realismo medieval[251] — que não via nos conceitos, tampouco no de "humanidade", uma simples palavra, uma denominação coletiva inventada pelo homem para designar qualidades iguais, mas, sim, uma entidade concretamente existente, reconhecida, mas não criada pelo espírito humano —, perante a diversidade dos indivíduos parece somente casual e secundária. Para esse realismo, a reivindicação e a aceitação de uma sólida organização universal da humanidade eram intelectualmente necessárias.

À dupla origem histórica da ideia de um Império universal corresponde a sua formulação dual: a depender do que será reivindicado, uma organização predominante eclesiástica ou estatal da humanidade sob o comando do Papa ou do Imperador. Uma existência paralela de ambas as organizações é incompatível com o *principium unitatis*. A demanda pela unidade estava mais relacionada à superposição de uma sobre a outra. Aqueles que eram mais conscientes da origem religiosa da ideia, isto é, os publicistas eclesiásticos, nunca colocaram em dúvida o Papa como o dirigente supremo da humanidade e nunca hesitaram em defender a submissão do Imperador e do conjunto da organização estatal a ele. O ideal dessa corrente, que, em verdade, muito raramente foi pensada até às últimas consequências, era uma espécie de Estado eclesiástico universal. Em contrapartida, seus opositores se agarravam às tradições do *Imperium Romanum* e, por isso, se aproximavam também de outras concepções dos clássicos sobre a predominância do temporal sobre o religioso, do Estado sobre a Igreja, bem como protestavam veementemente contra a semelhante subordinação do Imperador ao Papa. Não concediam à Igreja nenhuma organização externa e limitavam seu âmbito de atuação ao interior do homem. No entanto, eles nunca ousaram proclamar seu ideal, coerente com sua orientação clássica,

---

[251] BRYCE, James. *Das heilige römische Reich*. Leipzig: Kummer, 1873, p. 70.

defendendo a completa subordinação do religioso ao estatal. Mesmo Dante, que foi um dos adeptos radicais dessa orientação, teve que se dar por satisfeito – como vimos no capítulo anterior – com a solução altamente incoerente da existência mútua de duas organizações.

A ideia do reino universal ocupou a publicística de toda Idade Média, sendo objeto permanente de discussão desde Agostinho. Entretanto, a formulação dessa ideia ainda não estava totalmente definida. O conceito de monarquia universal, por mais que todo publicista o conhecesse e o utilizasse, era muito impreciso e volátil. Até a época de Dante não se tinha conhecimento de uma só obra dedicada exclusivamente a esse objeto. A ideia do reino universal constitui mais um pressuposto tácito, uma percepção autoexplicativa, que cada um moldava livremente a seu bel-prazer. Em função disso, é indubitável apontar o mérito científico de Dante ao dedicar um estudo monográfico ao Estado universal. Nesse sentido, o poeta não se equivoca quando nas palavras introdutórias de seu tratado diz que pretende tirar das trevas o conceito de Império universal; uma vez que entre todas as verdades úteis e ocultas, o conhecimento da monarquia seria uma das mais úteis e mais recônditas (*Quumque inter alias veritates occultas et utiles, temporalis Monarchiae notitia utilissima sit et maxime latens et propter non se habere immediate ad lucrum ab omnibus intentata; in proposito est hanc de suis ennucleare latibulis* [...]).

A maioria das discussões sobre a ideia de reino universal está presente nos publicistas medievais, comumente conectadas com a teoria da translação do *Imperium*. Nessa teoria, em geral aceita durante toda a Idade Média, se pode enxergar claramente a raiz da ideia de reino universal, que brota do solo do decadente Império Romano. Conforme essa teoria, o Império Romano-Germânico medieval é uma continuação direta do antigo Império Romano, que, por vontade de Deus, foi transferido dos romanos para os alemães de uma maneira que muda de acordo com a perspectiva do publicista em questão. Dante também reconhece essa teoria. Ele não a confere um tratamento particular, mas constitui um fundamento evidente que embasa todas as suas concepções políticas. O que seria, então, a extensa argumentação do segundo livro de *Monarchia*, a qual demonstra que Deus destinou aos romanos, por sua capacidade e nobreza, o governo do mundo, no qual (capítulo 2),

CAPÍTULO IX – O IMPÉRIO UNIVERSAL – O IDEAL DE ESTADO EM DANTE

ao listar os grandes impérios universais que se sucederam na história: o dos assírios, o dos egípcios, o dos persas e o dos gregos – o *Imperium Romanum* é mencionado como a última monarquia universal da série, sem dedicar sequer uma palavra ao fato de que o Imperador na Idade Média não era um romano, mas, sim, um alemão que nem sequer foi escolhido pelos romanos, mas por alemães! A ideia de que com a coroação de Carlos Magno se criou algo novo é completamente estranha a Dante, tanto que ele inclui também o soberano de então – Henrique VIII – na linhagem de César, Augusto, Tibério, Constantino e outros imperadores romanos (*Paraíso*, canvo IV, versos 1-100; e "Carta a Henrique VIII"). Dante não oferece maiores informações sobre como ele pensou a transição do Império dos romanos aos alemães. Entretanto, ele rechaça fortemente a tese, muito difundida desde o Papa Inocêncio III, de que o Papa Adriano havia tomado a dignidade imperial do Império Bizantino e a teria repassado a Carlos Magno em agradecimento por sua ajuda contra as hostilidades dos lombardos. Dante considera que o Papa carece de autoridade para uma transferência semelhante, sendo que qualquer movimento nesse sentido seria uma usurpação e não um direito (*De Monarchia*, livro III, cap. 11: *usurpatio enim juris non facit jus*). A razão pela qual Dante recusa essa formulação da teoria da translação é que, facilmente, seria dedutível da transferência da dignidade imperial a dependência do Imperador em relação ao Papa. Uma argumentação típica dessa espécie se encontra no terceiro livro da obra tomista *De regimine principum*, atribuída a Bartolomeu de Luca. No capítulo 18, se trata da teoria da translação, ele diz:

> *Adrianus Concilio celebrato Romae centum quinquaginta quinque Episcoporum et venerabilium abbatum, imperium in personam magnifici principis Caroli a Graecis transtulit in Germanos: in quo facto satis ostenditur qualiter potestas imperii ex judicio papae dependet.*
>
> Depois da realização em Roma de um Concílio com 155 bispos e abades honorários, Adriano transferiu o Império à pessoa do magnífico príncipe Carlos Magno, dos gregos aos alemães. Esse fato comprova satisfatoriamente em que medida o poder do Império depende do veredito do Papa.

Dante não confere, como já foi dito, uma solução exaustiva à questão; no entanto, a continuidade na linha do tempo de sua monarquia, sucedendo a do Império Romano universal é para ele um fato incontestável. No restante, seu Império universal, não tem quase nada a ver com o *Imperium Romanum*. Isso porque, se em algum momento Dante identifica historicamente sua monarquia com o *Imperium Romanum*, ele está muito distante de limitar seu Estado universal nas fronteiras do histórico Império Romano. Em relação a esse ponto, há que se ter em conta o significado oscilante que o conceito de *Imperium Romanum*[252] tinha na Idade Média. O mais comum era aquele dado por Landolfo Colonna no capítulo 1 de seu tratado *De translatione imperii*. O significado originário do termo seria o domínio mantido pelo povo romano. Todavia, havia ainda um sentido mais amplo. *Romanum imperium pro quodam singulari et universali domínio urbis orbis assummitur, quod universale dominium dicitur Monarchia*. Este é o sentido que, por exemplo, Engelberto de Admont também fala sobre *"Imperium Romanum"* e *"Monarchia"*. Desse modo, Dante também utiliza essa palavra. Sua monarquia é um Estado ideal, uma utopia genial que em mais de um ponto de vista contrasta duramente com a cruel realidade! Quem reconhece isso de maneira mais clara é aquele que repara na extensão colossal que Dante atribui ao governo de seu Imperador universal, que seria logo aquele Imperador, que, como rei alemão, muito mal conseguia manter na linha os príncipes rebeldes de seu próprio país! Quem se pergunta agora pelo povo do Estado universal de Dante, é imediatamente advertido que o poeta não pertence em hipótese alguma àqueles publicistas que identificam o *"populus romanus"* com o povo da cidade de Roma. Muito menos o limita expressamente aos fiéis da religião cristã. Dante vai além, em repetidas ocasiões, falando do *"genus humanum"*, de todo gênero humano, que está sob o domínio do Imperador. Em momento nenhum, ele diz que o domínio do Imperador alcança somente a uma

---

[252] Nota 1 no original: Cf. sobre a questão, CIPOLLA, Carlo. "Il trattato 'De Monarchia' di Dante Alighieri e l'opuscolo 'De potestate regia et papali' di Giovanni da Parigi". *In: Memorie della Accademia delle Scienze di Torino*. n. 2, t. 42, Torino: Clausen, 1892, pp. 333 e ss.

CAPÍTULO IX – O IMPÉRIO UNIVERSAL – O IDEAL DE ESTADO EM DANTE

parte do total do gênero humano.[253] O teor literal de Dante desloca também, indubitavelmente, o domínio do Imperador também sobre os não cristãos. Dante não esclarece a relação com os pagãos, a qual não fica em momento nenhum evidente. À época era muito perigoso fazê-lo, uma vez que entrar nessa questão significaria dar a entender que a ideia de Imperador dependeria intimamente do cristianismo e, portanto, da Igreja. Engelberto de Admont, por exemplo, manifesta também essa ideia em uma passagem de seu tratado *De ortu et fine*, onde diz:

> *Una est sola respublica totius populi Christiani, ergo de necessitate erit et unus solus princeps et rex illius reipublicae, statutus et stabilitus ad ipsius fidei et populi Christiani dilationem et defensionem. Ex qua ratione concludit etiam Augustinus (De civitate Dei, lib. XIX) quod extra ecclesiam numquam fuit nec potuit nec poteri esse verum imperium et fuerint imperatores qualitercumque et secundum qui non simpliciter, qui fuerunt extra fidem Catholicam et ecclesiam.*
>
> Há somente um Estado do cristianismo e, com isso, necessariamente, somente um príncipe e um rei deste Estado, instituído e estabelecido para a proteção e defesa da fé e do povo cristão. Disso conclui Agostinho que fora da Igreja nunca teve nem poderia ter um Império verdadeiro, por mais que não se tenha deixado de haver imperadores de todo tipo que não pertenciam à fé católica nem à Igreja.

Assim, a unidade do gênero humano, fundamento lógico do Império universal, somente é concebível na unidade do credo cristão. O Império somente pode ser cristão. Isso é algo que o próprio Dante nunca colocou em dúvida, ainda que ele advogasse em favor do contrário do que seria uma inferência lógica disso, ou seja, pela independência do Império. Os pagãos somente poderiam ser súditos do Imperador se se convertessem ao cristianismo. A pretensão de dominá-los estava intimamente conectada com o dever de convertê-los. Agora, fazer da

---

[253] Nota 1 no original: Assim, em *Monarchia*, livro III, cap. 16, no qual se diz expressamente: "*et Imperatore, qui secundum philosophica documenta humanum genus ad temporalem felicitatem dirigeret*". Há muitas outras passagens em termos semelhantes.

conversão dos pagãos uma tarefa do Imperador supõe que ele esteja abertamente a serviço da Igreja – uma hipótese que Dante preferia evitar! Em virtude disso, advêm seu silêncio sobre o ponto e o emprego de um conceito altamente indeterminado, de *genus humanum*. No tocante ao território estatal da monarquia de Dante, sendo o povo de seu Estado a humanidade, ele teria que ser o de toda a terra habitada, o *mundus*. "A jurisdição do Imperador", diz ele em *De Monarchia*, I, 11, "está somente limitada pelo Oceano (*jurisdictio terminatur oceano solum*), o que não ocorre com outros príncipes, cujo domínio é limitado pelos outros príncipes (*quod non contingit principibus aliis, quorum principatus ad alios terminantur*)". E na "Carta aos príncipes e senhores de Itália", diz:

> *Qui libitis fluenta eius, eiusque Maria navigatis; qui calcatis arenas littorum et Alpium summitates, quae sunt suae [...]. Hortus enim eius et lacus est, quod coelum circuit.*
>
> Vós, que bebeis de sua fonte (do Imperador), que navegais em seus mares e pisais a areia das ilhas e os cumes dos Alpes, que são seus [...], pois seu jardim e seu mar são o que o céu circunda.

A monarquia universal de Dante é de origem divina, é imperecível e deve durar até o fim dos tempos. Nisso ele também se diferencia da monarquia de Engelberto, que a vê como uma instituição humana perecível.[254] O governo do mundo mediante a continuação do *Romanum Imperium* é proveitoso e em geral desejável para a humanidade, na

---

[254] Nota 1 no original: Cf. a seguinte passagem, tomada de uma ordem do rei Roberto a certos enviados seus ao Papa em Avignon: "*Ipsum imperium fuit acquisitum viribus et occupatione [...]. imperium (hiis artibus retinetur, quibus ab initio partum est, et illae artes sunt vires [...]. Quod igitur violenter quaesitum est non est durabile, neque permanens, quia est contra naturam*". "O Império mesmo foi adquirido pela força e pela ocupação [...]. O Império se conserva pelos mesmos meios que em princípio o conquistaram, ou seja, mediante a força [...]. o que se conquistou violentamente não é duradouro nem permanente, porque é contrário à natureza". Citado segundo CIPOLLA, Carlo. "Il trattato 'De Monarchia' di Dante Alighieri e l'opuscolo 'De potestate regia et papali' di Giovanni da Parigi". In: *Memorie della Accademia delle Scienze di Torino.* n. 2, t. 42, Torino: Clausen, 1892, p. 385, das Atas de Henrique VII (publ. Dal. Bonaini), I, 233-234.

CAPÍTULO IX – O IMPÉRIO UNIVERSAL – O IDEAL DE ESTADO EM DANTE

medida que se considere que a queda da monarquia universal precede o fim do mundo.[255] O abade de Admont compartilha também a crença, muito comum na Idade Média, de que a chegada do Anticristo colocaria fim ao último reino universal do mundo, ou seja, o romano[256]. No Anticristo se via em geral o sucessor do domínio romano. Jordano de Osnabrück, por exemplo, não está sozinho quando adverte em seu tratado aos inimigos do Império que o empenho deles em destruir-lhe pode provocar a chegada do Anticristo:

> *Item notandum quod cum Antichristus venturus non sit, nisi prius imperium destruatur, indubitanter omnes illi, qui ad hoc dant operam, ut non sit imperium, quantum ad hoc sunt precursores et nuntii Antichristi. Caveant ergo Romani et [...].*
>
> E assim cabe observar: uma vez que o Anticristo não virá antes que o Império seja destruído, indubitavelmente, todos os que trabalham para que não haja Império são precursores e núncios do Anticristo. Pensem no que ocorreu com os romanos [...].

Emerge a questão sobre a relação que a monarquia universal de Dante tem com os reinos e países que estão a ela subordinados. O que se pode depreender de muitos excertos é que Dante entende essa ligação de maneira muito específica, sua proposta está distante de reduzir o ofício de seu Imperador universal a um tipo de tutor sobre os príncipes e reis e mais próxima de uma postura comedida de um árbitro de disputas quanto ao direito internacional entre Estados. Ademais, parece que a competência do monarca de Dante é muito mais ampla, de sorte que todos os outros Estados que existem de fato fiquem reduzidos a províncias mais ou menos autônomas, cujos reitores conservam certamente o título originário de rei ou príncipe, mas perdem sua posição de "soberanos" no sentido moderno. A única entidade – conforme nossas concepções de hoje em dia – que mereceria o nome de Estado é exclusivamente a *Monarchia*, o Império universal, cujas competências seriam, segundo

---

[255] Nota 2 no original: ADMONT, Engelberto de. *De ortu*, XVIII e XIX.
[256] Nota 3 no original: ADMONT, Engelberto de. *De ortu*. XX a XXIV.

Dante, as funções essenciais "estatais". O primeiro livro *De Monarchia*, no qual o assunto é tratado em várias ocasiões, é fundamental para se poder formular um melhor juízo sobre essa relação. Ali está, primeiramente, a definição de monarquia (cap. 2): *Est ergo temporalis Monarchia quam dicunt imperium, unicus Principatus et super omnes in tempore vel in iis et super iis, quae tempore mensurantur.* Com isso, essa definição estende o domínio da monarquia sobre "tudo que está submetido à medida do tempo", mostrando-se tão indeterminada e expansiva que a partir dela se pode negar toda a independência e autonomia das entidades inferiores no interior do âmbito da monarquia. No entanto, uma interpretação semelhante, desconsiderando a impossibilidade fática do resultado a que levaria, estaria em contradição com a passagem que a seguir será citada, muito mais importante para resolver a questão de como Dante concebe a relação de competência entre Estado universal e as entidades que o integram. No capítulo 14 está:

> *Propter quod advertendum sane, quod cum dicitur, humanum genum potest regi per unum supremum Principem, non sic intellegendum est ut mínima judicia cuius cumque municipii ab illo uno immediate prodire possint; cu metiam leges municipales quandoque deficiant, et opus habeant directivo, ut patet per philosophum in quinto ad Nicomachum [επιεικειαν] commendantem; habent namque nationes, regna et civitates, inter se proprietates, quas legibus differentibus regulari oportet. Est enim lex regula directiva vitae. Aliter quippe regulari oportet Scythas, qui extra septimum clima viventes et magnum dierum et noctium inaequalitatem patientes intolerabili quasi algore frigoris premuntur, et aliter Garamantes, qui sub aequinoctiales habitantes et coaequatam semper lucem durnam noctis tenebris habentes ob aestus aeris nimietatem vestimentis operiri non possunt. Sed sic intelligendum est, ut humanum genus secundum sua communia quae omnibus competunt ab eo regatur et communi regula gubernetur ad pacem. Quam quidem regulam sive legem particulares príncipes ab eo recipere debent tamquam intellectus practicus ad conclusionem operativam recipit majorem propositionem ab intellectu speculativo et sub illa particularem, quae propriae sua est, adsumit, et particulariter ad operationem concludit. Et hoc non solum possible est uni, sed necesse est ab uno procedere ut omnis confusio de principiis universalibus aufferatur. Hoc etiam factum fuisse per ipsum,*

CAPÍTULO IX – O IMPÉRIO UNIVERSAL – O IDEAL DE ESTADO EM DANTE

> *ipse Moyses in lege conscribit: qui adsumptis primatibus de tribubus filiorum Israel, eis inferiora judicia relinquebat, superiora et communiora sibi soli reservans, quibus communioribus utebantur primates per tribus suas secundum quod ubicuique tribui competebat.*

Sobretudo, há que se pontuar aqui que, quando que o dito príncipe tenha que resolver imediatamente todos os casos menores de todos os municípios, visto que as leis municipais também são por muitas vezes deficientes e necessitam de uma interpretação, como o Filósofo deixa claro no quinto livro de Ética a *Nicômaco*, quando recomenda a equidade [επιεικειαν]. As nações, os reinos e as cidades têm características próprias que demandam ser reguladas por leis distintas. A lei é uma regra diretiva da vida. De uma maneira, tem que regular, por exemplo, os citas, que vivendo além do terceiro traço celestial, suportam grandes oscilações no clima entre o dia e a noite, tendo que enfrentar um insuportável frio; e, por sua vez, os garamantes que habitam abaixo do equinócio e têm sempre em proporções iguais a luz do dia e a escuridão da noite, sendo que por causa do excesso de calor no ar não podem se vestir. Há, sim, que se compreender que o gênero humano, dando atenção ao que é a todos comum, o que a todos é devido, é regido pelo Imperador universal com o objetivo da paz, como regra comum. Esse direcionamento tem que ser recebido pelos príncipes particulares, do mesmo modo que a razão prática para uma conclusão prática recebe a premissa maior da razão especulativa e acresce a premissa que lhe é própria, e, assim, conclui a operação. E isso não somente possível a um, mas, sim, é necessário que provenha de um para evitar toda a confusão de princípios universais. Moisés escreveu na Lei, que ele também atuou assim: deixou aos chefes da tribo dos filhos de Israel as decisões menos importantes; as mais importantes e de caráter geral as reservou para si; só que essas mais gerais poderiam ser aplicadas pelos chefes locais na medida que fosse adequado a cada tribo.

O regramento dos assuntos locais é confiado às autoridades locais, aos *príncipes particulares*. Para os assuntos comuns e que importam a todos, a legislação é de competência exclusiva do monarca universal. A imagem que Dante tem desse Estado universal na relação com suas entidades inferiores é a do povo judeu que, sob o comando de Moisés, têm uns chefes na regência de suas distintas tribos, a quem cabe resolver sobre os casos menos importantes, uma comparação que – apesar de não se levar às últimas consequências – reduz os reinos e países em sua relação com o Estado universal a pouco mais do que a condição de províncias. O que é certo é que com a passagem transcrita que, principalmente, somente trata da legislação, não se pode obter uma distribuição de competências juridicamente precisa entre o Estado universal e as entidades inferiores. O que se pode depreender é uma imprecisa situação de fronteira entre ambos. Um limite de competências que, contudo, está traçado em benefício do Estado universal, como confirmam os outros trechos que se ocupam do tema. Se nas afirmações de Dante supracitadas o poder legislativo supremo fica reservado ao Imperador, a passagem seguinte reivindica para ele também o poder judicial supremo. O Capítulo 10 fala do caso de uma disputa entre os príncipes, que somente poderia ser resolvido por uma autoridade que estivesse acima das partes em conflito. E mais adiante se diz: *oportet esse tertium jurisdictionis amplioris, qui ambitu sui júris ambobus principetur; et hic aut erit Monarcha aut non*: é necessário um terceiro de jurisdição superior que tenha ambos sob sua autoridade; e tal será o monarca ou não será. Excerto que se pode confrontar com *De Monarchia*, livro III, cap. 10: *Imperium est jurisdictio, omnem temporalem jurisdictionem ambitu suo comprehendens*, segundo o qual o poder judicial do *Imperium* compreende em seu âmbito todo o poder judicial temporal. Muito característica é também a seguinte argumentação do *De Monarchia*, livro I, cap. 11:

> *Quia principibus aliis homines non appropinquant nisi in parte, Monarchae vero secundum totum. Et rursus: Principibus aliis appropinquant per Monarcham et non e converso; et sic per prius et immediate Monarchae inest cura de hominibus aliis autem principibus per Monarcham eo quod cura ipsorum a cura illa suprema descendit.*
>
> Porque aos outros príncipes os homens (a humanidade) somente em parte se aproximam, mas ao monarca o fazem em sua totalidade. Além disso: aos outros príncipes se aproximam por meio do monarca e não ao contrário. Assim, é do próprio monarca primeiramente e imediatamente o cuidado (cura = preocupação, mas também administração) de todos, mas aos

CAPÍTULO IX – O IMPÉRIO UNIVERSAL – O IDEAL DE ESTADO EM DANTE

outros senhores somente indiretamente por meio do monarca, porque justamente sua preocupação somente é caudatária daquela preocupação suprema.

Desse modo, a relação do homem como cidadão do Estado universal – se é que a palavra existe – com o monarca do mundo se define expressamente como direta, imediata e não como uma relação trabalhada pela intermediação de distintos príncipes. Pelo contrário! O governo das entidades inferiores pelos príncipes locais deriva precisamente do governo comum supremo exercido pelo Imperador, pelo qual naturalmente se exclui também a construção do Estado universal como uma união feudal. A função do Imperador é *imperare* e o compromisso dos príncipes é *regere*. O primeiro tem um âmbito mais amplo, mas com uma intensidade menor; o segundo tem um âmbito menor, mas, ao contrário, com uma intensidade maior. É o mesmo contraste esposado por Dante no primeiro canto do *Inferno*, quando diz de Deus (verso 127): "*In tutte parti impera, e quivi regge*". "Em todas as parte manda (*imperare*), mas só lá (no céu) ele leva a coroa (*regere*)".

Alguns trechos das cartas de Dante também são igualmente interessantes para o exame dessa questão. Assim, há um da "Carta aos florentinos" que expressa claramente a ideia de que o Estado universal é um único Estado e não uma reunião simplória de vários aparatos estatais. Dante clama ali contra os florentinos renegados:

> *Quid fatua tali opinione submota tamquam alteri Babylonii pium deserentes imperium nova regna tentatis, ut alia est Florentina civilitas, alia sit Romana?*
>
> "Queréis, movidos por tão tola opinião, como os novos babilônios, segregá-los do ímpio Império e tentar novos reinos, que um seja o Estado florentino e o outro o romano?"

Em outro excerto da "Carta aos príncipes e senhores de Itália", no qual ele define o Imperador como legislador universal e supremo e apostrofa aos habitantes da Itália: vós, que somente desfrutais de tudo o que é público e só possuís as coisas privadas mediante o vínculo de sua lei (do Imperador) (*qui publicis quibuscumque gaudetis et res privatas vinculo suae legis, non aliter possidetis*).

Para a ilustração do problema debatido ainda há que citar um trecho da "Carta aos florentinos" em que Dante conclama seus concidadãos:

> *Vos autem divina jura et humana transgredientes [...] nonne terror secundae, mortis exagitat, ex quo primi et soli jugum libertatis horrentes in Romani principis, Mundi Regis, et Dei ministri gloriam fremuistis;atque jure praescriptionis utentes debitae subjectionis officium denegando in rebellionis vesaniam maluistis insugere? Na ignoratis amentes et discoli publica iura cum sola temporis terminatione finiri, et nullius praescriptionis calculo fore obnoxia? Nempe legum sanctiones altissime declarant, et humana ratio percunctando decernit publica rerum dominia, quantalibet diuturnitate neglecta numquam posse vanescere vel abstenuata conquiri. Nam quod ad omnium cedit utilitatem, sine omnium detrimento interire non potest, vel etiam infirmari.*

> Vós, todavia, que transgredis o direito divino e humano [...] não tereis medo de vivenciar a segunda morte, pois ao depreciarem o jugo da liberdade contra a glória dos príncipes romanos, do rei do mundo, do enviado de Deus e invocarem o direito de prescrição, vós renunciastes à lealdade devida e aos deveres e levantais do túmulo a fúria? Não sabeis, seus tontos e imbecis, que o direito público somente encontra seu final na fronteira do tempo e não está submetido à prescrição? [...].

Dessa citação é possível depreender cabalmente a opinião de Dante de que o Direito do Império é imprescritível, situando-se, assim, o poeta em franca oposição aos publicistas do partido guelfo francês, que repetidamente sustentavam que a independência da França em relação ao Império se baseava na prescrição.[257][258]

---

[257] Nota 1 no original: Do fato de que em *Monarchia* não se faz nenhuma menção ao argumento da prescrição, Scadutto deduz a independência do tratado de Dante em relação à literatura polemista francesa. SCADUTTO. *Stato e Chiesa negli scritti politici dal 122 al 1347*. Florença: Le Monniere, 1882.

[258] Nota 2 no original: Cf. também João de Paris, *De potesta regia et papali*, cap. 4

CAPÍTULO IX – O IMPÉRIO UNIVERSAL – O IDEAL DE ESTADO EM DANTE

O Estado ideal de Dante, como organização abrangente de toda a humanidade, se adequa, então, por completo, na definição aristotélica de Estado, generalizada na Idade Média, como a comunidade suprema, perfeita e autossuficiente. Dante evita, dessa forma, a contradição, na qual muitos publicistas medievais incorreram, os quais aplicavam essa concepção clássica da *polis* à comuna medieval, mas, contudo, contrapunham-na como a "entidade integradora e limitadora do *regnum* e do *Imperium*".[259] O Estado da humanidade de Dante, que é por natureza a comunidade mais ampla e autossuficiente, inclui dentro de suas fronteiras todas as entidades, nas quais a humanidade se articula organicamente, desde o Império até o indivíduo. Essa estrutura se configura, segundo Dante, como em geral, de acordo com a concepção medieval, do seguinte modo: vários homens formam um *domus*, isto é, a casa ou a família; vários *domus*, o *vicus*, ou seja, a comuna; várias comunas, a *civitas*, a saber, a cidade ou a municipalidade, várias *civites* se reúnem em *regnum*, o reino. E todas as partes compreendidas dentro desse reino – como se diz em De Monarchia, livro I, cap. 6 – e os reinos mesmo têm que se ordenar sob somente uma autoridade ou uma autoridade suprema, ou seja, o monarca ou a monarquia universal.

É um fator muito característico de que o elemento nacional não seja objeto de praticamente nenhuma consideração no ideal de Estado de Dante. A longa citação mencionada no capítulo 14 do primeiro livro de seu De Monarchia é a único de toda a obra em que ele faz menção das diferenças nacionais, mas sem que se possam extrair nem remotamente as consequências que hoje nos parecem evidentes. É certo que o conceito acabado e definido de nação, próprio do momento presente, era, todavia, alheio à época. Agora, ignorar por completo a nacionalidade,[260] como

---

[259] Nota 3 no original: GIERKE, Otto Von. *Das deutsche Genossenschaftsrecht*. 3ª ed. Berlin: Weidmann, 1881, p. 638, que também faz a Dante essa crítica; sem razão, como se percebe pelo que já foi dito.

[260] Nota 1 no original: Já foi falado que Dante expressa pela primeira vez com mais clareza a ideia de uma Confederação da Itália. No entanto, essa afirmação responde seguramente à propensão, muito comum na Itália, de atribuir a Dante o tratamento de várias questões e apresentá-lo como profeta e precursor de situações em que o poeta, com toda sua genialidade, sequer havia sonhado em abordar. Quanto à

fez o poeta, não pode deixar de surpreender, uma vez que na época em que *De Monarchia* foi escrito, já se fazia sentir por todos os lugares um vigoroso florescimento da ideia nacional – especialmente na França, que, como se sabe, era o ponto de partida dessas aspirações nacionais. A ideia de um principado universal que a tudo nivela e que concilia todos os antagonismos já foi conscientemente criticada à época de Dante a partir do ponto de vista nacional. Nesse sentido, o ideal de Estado de Dante deve ser qualificado como reacionário;[261] o mesmo ideal que, como se viu, apresenta características essenciais do Estado moderno: a partir das necessidades da natureza humana, e seguindo o modelo de Aristóteles, Dante pensa o surgimento de seu Estado como uma formação orgânica, a que busca como objetivo a consecução da cultura. Ele considera o monarca o órgão supremo do poder, contido nos limites do Direito e do Estado. E, por fim, reivindica, para a salvação do Estado, sua maior independência possível em relação à Igreja.

Em suma, o ideal de Estado de Dante não está em sintonia com o seu tempo. Não somente porque, em muitos pontos, ele se antecipava à sua época; mas porque seu fundamento, a base sobre a qual ele construiu o Império universal, já havia se exaurido no tempo.

---

relação de Dante com a unidade da Itália, cf., por exemplo, VILLARI. *I Fiorentini Dante et Arrigo VII* (N. Antologia, c. III, p. 25 e ss., Florença, 1889); e CIPOLLA, Carlo. "Il trattato 'De Monarchia' di Dante Alighieri e l'opuscolo 'De potestate regia et papali' di Giovanni da Parigi". *In: Memorie della Accademia delle Scienze di Torino*. n. 2, t. 42, Torino: Clausen, 1892, pp. 363 e ss.

[261] Nota 1 no original: seu conhecido elogio aos bons velhos tempos e sua oposição à ampliação de Florença, *inter alia,* provam que, em muitos outros aspectos, Dante também pensava em termos muito reacionários.

CAPÍTULO X

AS FONTES DA TEORIA DO ESTADO DE DANTE: SUA INFLUÊNCIA NA PUBLICÍSTICA POSTERIOR

Fontes antigas: Platão – Aristóteles – Cícero – Fontes cristãs: A Sagrada Escritura – Agostinho – Tomás de Aquino – Influência da publicística contemporânea: Brunetto Latini – Os publicistas franceses – Jordano de Osnabrück – Engelberto de Admont – A bula Unam sanctam – Efeitos posteriores – Conclusão

Como em todos os campos, também na Teoria do Estado a recuperação dos clássicos pressupõe uma superação da Idade Média e o início da evolução da modernidade. Nossa moderna Teoria do Estado que, no curso do desenvolvimento histórico, procede diretamente da teoria medieval, é mais próxima, em seu conteúdo, à concepção dos clássicos, mais distante no tempo. As vigorosas ideias políticas de Platão e Aristóteles, acolhidas em grande parte pela Filosofia do Estado de nosso tempo, são, para o pensamento moderno, mais próximas e familiares do que as teorias do Estado imbuídas do espírito ascético e alijadas do mundo, de um Agostinho ou, mesmo, de um Tomás de Aquino, cuja realização na prática não se consegue vislumbrar.

No caso de Dante, o elemento moderno, tão característico de sua teoria do Estado, é também de origem inteiramente clássica, o que se deve em larga medida à circunstância de que o poeta se embasava predominantemente nos modelos de Platão e Aristóteles, cujos escritos, em parte, ele manuseou diretamente e, em parte, conhecia por meio de autores medievais.

Toda a concepção de Dante acerca do valor e do significado do Estado e de sua relação com o indivíduo respira o espírito helenístico. Ele se coloca em aberta oposição com as doutrinas medievais que, derivadas de teorias negadoras da vida e adeptas de um cristianismo primitivo, condenavam rotundamente o Estado como uma entidade a serviço de fins terrenos, ou o consideravam como um mal necessário, ou, no melhor dos casos, o subordinavam, em função de seu valor menor, à Igreja. Ao expor sistematicamente sua teoria, conseguimos ver com reiteração o valor perdurável e o alto significado que Dante – sob a influência dos clássicos – atribuía ao Estado, clara decorrência de suas pretensões de libertar o Estado da tutela medieval da Igreja e de coordenar ambas as instituições em pé de igualdade.

A influência dos filósofos clássicos na Teoria do Estado de Dante se manifesta aproximadamente da seguinte forma:

É natural que a filosofia platônica, especialmente a teoria das ideias, em função de sua grande influência na Idade Média, tenha deixado marcas em Dante.[262] Contudo, não há muito o que trilhar na teoria do Estado de Platão. Ela suscita muito mais consonância e simpatia do lado curialista do que em um autor que se colocava contrário à Igreja, como Dante, visto que a analogia entre os filósofos governantes de Platão e os sacerdotes cristãos era quase imediata, dado que a estes era confiada a condução legítima dos assuntos terrenos.[263] É verdade que é possível encontrar aqui e ali reminiscências do Estado platônico,

---

[262] Nota 1 no original: Cf. OZANAM, Antoine Frédéric. *Dante et la philosophie catholique au treizième siècle*. Paris: [S. I.], 1834.

[263] Nota 2 no original: Cf. GENNRICH, Paul. *Die Staats- und Kirchenlehre des Joh. Von Salisbury*. 1894, pp. 120 e ss.

CAPÍTULO X – AS FONTES DA TEORIA DO ESTADO DE DANTE...

as quais Dante ocasionalmente também fez referência.[264] No entanto, Platão mesmo não é citado em *De Monarchia*. Também é difícil precisar com segurança se Dante utilizou diretamente outras obras de Platão que não *Timeu-Crítias*, ou só as conheceu pelas interpretações de Agostinho e Tomás de Aquino.

De modo completamente diferente foi a relação de Dante com Aristóteles, cuja obra política principal foi redescoberta não muito antes de Dante começar a escrever e, como outras obras do Filósofo, teve grande difusão no século XIII. Portanto, o florentino não conseguiu escapar da poderosa influência do grande Estagirita e sua voluntária submissão à autoridade do grego fica provada pelo fato de que Dante, um ortodoxo cristão, chama seu mestre de pagão.[265] Numerosas citações de escritos de Aristóteles, sobretudo a Ética e a *Política* (só em *De Monarchia* são cerca de quarenta), atestam a grande relevância deste pensador para Dante. De pronto, é possível perceber determinados conceitos filosóficos fundamentais que Dante toma de Aristóteles e que conferem à Filosofia do Estado do florentino certos traços característicos. As concepções sociológicas do poeta também deságuam direta ou indiretamente em Aristóteles: assim, a família, como ponto de partida do desenvolvimento social, como embasamento do Estado, e outros conceitos que já foram tratados em maiores detalhes.[266] Já havíamos visto que a teoria do Estado de Aristóteles foi utilizada por Dante de maneira fecunda. Dante, assim, constrói a justificação e a origem do Estado no sentido aristotélico quando, invocando expressamente o Filósofo, fundamenta a organização humana no instinto de sociabilidade. Como também ocorre com o objetivo do Estado que seria, conforme Aristóteles, o *"bene vivere"*, o bem-viver fundado na cultura. Já demonstramos em que medida a teoria aristotélica das formas de Estado foi levada em consideração por Dante. Na reflexão sobre a relação entre Estado e indivíduo, a concepção

---

264 Nota 1 no original: Cf. também ALIGHIERI, Dante. *Convivio*, livro IV, cap. 6: "Una-se a autoridade filosófica à imperial para governar bem e perfeitamente".
265 Nota 2 no original: Cf. as afirmações do próprio Dante sobre sua relação com Aristóteles em ALIGHIERI, Dante. *Convivio*, livro IV, cap. 6:
266 Nota 3 no original: Cf. *supra*, cap. 3.

medieval de Dante – como vimos anteriormente – aparece modificada pelo modelo clássico, o que a faz estar mais próxima de nossa visão[267].

Dentre os filósofos do Estado da Antiguidade, Dante conheceu também diretamente – graças à sua grande difusão na Idade Média – Cícero. Em *De Monarchia*, ele cita reiteradamente três obras: *De officiis*, *De finibus boni et mali* e *De inventione*. Contudo, as pouco originais ideias deste eclético não exerceram nenhuma influência digna de menção ou sequer prontamente reconhecível na teoria do Estado de Dante. A não ser levarmos em conta a combinação, característica de Cícero, do objetivo do Direito com a finalidade da cultura com o tratamento que essas matérias recebem em Dante.

Antes de examinar mais a fundo as fontes medievais da teoria do Estado de Dante, há que se apontar a importância que tem o Livro Sagrado aos estudos do florentino. A grande influência da Bíblia na publicística se explica facilmente no contexto de incontestável autoridade das Escrituras na vida espiritual da Idade Média. A invocação do Livro Sagrado – um fenômeno observável na Idade Média em todos os ramos do saber – servia também à ciência do Estado como a prova mais segura da veracidade de qualquer proposição, como a prova mais infalível de correção de qualquer teoria. As teses mais incríveis e as doutrinas mais exaltadas adquirem tom de naturalidade a partir de uma citação na Bíblia. É compreensível que em tais circunstâncias se abusara da exegese da Bíblia com a maior falta de escrúpulos, erigindo-se, assim, o Livro Sagrado, como uma mina inesgotável, da qual, inclusive seus opositores mais mordazes extraíam por igual seus respectivos argumentos, não sendo nada incomum que uma mesma frase da Bíblia fosse utilizada em apoio às teses mais contrapostas. A isso se soma que nela se queria buscar explicações para todas as relações possíveis, mesmo para aquelas que eram fruto das circunstâncias do contexto histórico, como a relação

---

[267] Nota 1 no original: Sobre a influência de Platão e Aristóteles na filosofia de Dante e sobre a forma que as ideias da Academia e do Liceu se conciliam com o universo intelectual do poeta, cf. OZANAM, Antoine Frédéric. *Dante et la philosophie catholique en treiz. siécle*, Paris, 1834, p. 172 e ss.; e SCHELLING, Über *Dante in philosophischer Beziehung*, Obras completas, I, vol. 5, p. 152.

CAPÍTULO X – AS FONTES DA TEORIA DO ESTADO DE DANTE...

entre Papa e Imperador, por exemplo. E as tais justificações eram encontradas, com o auxílio do suspeito método interpretativo aqui já aventado, ainda que, por razões facilmente compreensíveis, elas não pudessem ter deixado o menor rastro na Bíblia. Essas circunstâncias inviabilizaram na máxima potência qualquer possibilidade de uma influência real das teorias do Estado efetivamente contidas na Bíblia, pois seu verdadeiro sentido se perdeu em meio às disputas dos partidos, na qual cada um apenas tomava do Livro Sagrado aquilo que era de seu interesse.

O que também valia para Dante. Ele utilizava a Bíblia para selecionar nela o que melhor concordava com sua teoria. Em cada passo seu, se encontram citações do Livro Sagrado. *De Monarchia* contém mais de cem, muitas das quais foram utilizadas para tratar das mais distintas teorias. Em geral, ao explicar as passagens da Bíblia, Dante não se comporta de maneira diversa de seus oponentes, ou seja, escolhe seletivamente nelas o que lhe é conveniente. Assim, se vale da *vestis inconsultilis*, a túnica inconsútil do Senhor para inferir dela a indivisibilidade do Império, a mesma expressão que Bonifácio VIII trouxe à tona em prol da unidade da Igreja. Da passagem em Mateus, cap. 10, versículo 9: "Não deveis procurar ouro, nem prata, nem cobre para vossos cintos, nem uma bolsa para o caminho", deduz Dante a incapacidade da Igreja em receber bens temporais e chega a resultados parecidos na interpretação da expressão do Salvador: "Meu reino não é deste mundo". Dante se sente movido em *De Monarchia* a polemizar contra uma falsa interpretação da Bíblia,[268] mas certamente sem que ele possa estar imune de incorrer também nesse mesmo erro.

Dos autores medievais que Dante se serviu no terreno de sua Teoria do Estado, há que se mencionar em primeiro lugar Santo Agostinho. No terceiro livro *De Monarchia*, capítulo 4, ele cita a obra *De civitate Dei*, livro XVII, capítulo 2. Também se encontram ali passagens da obra *De doctrina christiana*. Não cabe aqui discutir em que medida este "poderoso padre da Igreja, que como um Atlas leva sobre seus ombros o inteiro

---

[268] Nota 1 no original: ALIGHIERI, Dante. *De Monarchia*, livro III, cap. 4.

sistema teológico e filosófico da Idade Média"[269] exerceu influência sobre Dante no campo teológico e filosófico. O que é inegável é que no universo intelectual do poeta se encontram conceitos especificamente agostinianos, como a definição de Deus como o bem supremo, o *summum bonum*;[270] a representação de felicidade celestial como uma *fruitio Dei*, um gozo da contemplação de Deus,[271] a proclamação do amor, "*des Amor*", como princípio ético, conforme o qual, inclusive o pecado, não é outra coisa senão o amor desordenado, *amor perversus, inordinatus*.[272] No tocante à teoria do Estado de Agostinho, e apesar de suas diferenças de princípio em relação à de Dante, é possível reconhecer em *De Monarchia* certos traços que permitem supor uma influência de *Civitas Dei*. A obrigação de realizar a *terrena pax*, que Dante, movido por um profundo anseio de paz, impõe ao Estado, remete, de algum modo, à tarefa análoga que Agostinho coloca para sua *civitas* terrena. Também a teoria das duas felicidades tomada por Dante diretamente de São Tomás de Aquino, e a delimitação de fronteiras entre Estado e Igreja da qual ela se deriva, é possível ser encontrada, em seus principais traços, em Agostinho, ainda que com a diferença de que o padre da Igreja subordina a *terrena felicitas* à felicidade celestial e chega a considerar pecaminosa a aspiração exclusivamente à felicidade terrena que não tenha um mínimo de vínculo com a celestial.[273] No restante, as duas teorias do Estado não têm mais nada em comum do ponto de vista dos princípios, mas, sim, se colocam em franca oposição. É, por isso, que Agostinho, da perspectiva da ética ascético-cristã, somente valora

---

[269] Nota 2 no original: GENNRICH, Paul. *Die Staats- und Kirchenlehre des Joh. Von Salisbury*. 1984, p. 123.

[270] Nota 1 no original: Cf. ALIGHIERI, Dante. *De Monarchia*, livro II, caps. 2 e 3.

[271] Nota 2 no original: Cf. ALIGHIERI, Dante. *De Monarchia*. livro III, cap. 16; e AGOSTINHO, Santo. "Retractiones". § 5, cap. 2, livro I. In: REUTER, Hermann. *Augustinische Studien*. Gotha: Perthes, 1887, pp. 465 e 475.

[272] Nota 3 no original: Cf. *supra*, cap. 3; e AGOSTINHO, Santo. *De Spiritu et Littera*. § 26, cap. 14; Cf. DORNER, August Johannes. *Augustinus*: sein theologisches System und seine religionsphilosophische Anschauung. 1873, pp. 125 e 199.

[273] Nota 4 no original: Cf. DORNER, August Johannes. *Augustinus*: sein theologisches System und seine religionsphilosophische Anschauung. 1873, p. 299.

CAPÍTULO X – AS FONTES DA TEORIA DO ESTADO DE DANTE...

o Estado como um mal necessário por causa da debilidade da maioria dos homens e o põe a serviço da Igreja, que além de ser a única capaz de legitimá-lo, deve ter como objetivo torná-lo desnecessário, uma vez que ela luta contra a sua razão de ser: a debilidade do homem; Dante, ao contrário, imbuído da concepção de mundo clássico-hedonista própria do Renascimento em seu cerne, almeja[274] levar a existência terrena a uma finalidade mais independente possível da felicidade celestial: a felicidade terrena, colocando assim o Estado como uma instituição autônoma e de valor equivalente ao da Igreja.

São Tomás de Aquino exerceu uma influência muito mais intensa nas teorias de Dante. Entre os publicistas da Idade Média foi Tomás que recorreu de modo preciso, em grande medida e com grande êxito, aos escritos clássicos, sobretudo aos aristotélicos, de maneira que Dante entrasse em contato com as ideias filosófico-políticas da Antiguidade por intermédio do modelo de Tomás de Aquino. Dante demonstra suas opiniões especificamente tomistas, sobretudo no terreno ético e jusfilosófico. Assim, a utilização do *principium unitatis* na determinação conceitual do "bem" e do "mal" se ajusta ao modelo de Tomás, que, por sua vez, é influenciado por Aristóteles. Do mesmo modo, a concepção do Direito como vontade divina, assim como a distinção entre o Direito divino, humano e natural, como já se fez notar ao expormos aqui a filosofia do Direito de Dante, é de origem inteiramente tomista. Assim como a teoria do objetivo do Estado tem em Dante certas reminiscências do Aquinata. Tomás define como finalidade estatal suprema o fomento da atividade científica do cidadão e a tarefa mais importante do Estado a criação da paz, necessária para a consecução daquele fim; Dante coloca o objetivo do Estado na mesma direção, só que vai além na medida em que põe como fim último o *actuare semper totam potentiam intellectus possibilis*; e reivindica a paz para a consecução do objetivo do Estado. As razões apontadas por Dante para justificar a forma monárquica de Estado guardam grandes semelhanças com as de Tomás, principalmente nas que se apoiam no *principium unitatis* ou que

---

[274] Nota 5 no original: Sublinho: almeja, pois Dante não se atreve a arcar inteiramente com as consequência desse posicionamento. Cf. *supra*, cap. 8.

partem da analogia com o governo divino do mundo. A comparação, utilizada com frequência por Tomás, do Estado com uma embarcação que requer a condução de um timoneiro, é encontrada recorrentemente em Dante. Por fim, a teoria das duas felicidades, fundamental para toda a teoria do Estado de Dante e em particular para a relação entre Estado e Igreja, coincide praticamente de ponta a ponta com a de Tomás de Aquino.[275] O que faz com que todo o sistema de Dante tenha traços tomistas inequívocos! Somente nas últimas conclusões, no que tange às relações entre Estado e Igreja, quando o perspicaz dominicano se mostra absolutamente vinculado à teoria cristã a partir da desvalorização da felicidade terrena em relação à celestial – somente nisso ele não é seguido por Dante. Na medida que o poeta ambiciona a igualdade entre Estado e Igreja, ele se torna adversário declarado do grande filósofo eclesiástico, o que faz com que Dante incorra, com isso, como já fora debatido, em contradição com sua própria base tomista.

Dentre os publicistas contemporâneos que influenciaram a teoria de Dante, há que se mencionar, em primeiro lugar, o poeta e estadista florentino Brunetto Latini, que escreveu uma grande obra enciclopédica, *Le Tresor* (O Tesouro), na qual, em meio à exposição do conjunto do saber de seu tempo, também contém o esboço de uma Teoria do Estado que denota claramente a influência da *Política* aristotélica. Também Brunetto, que ocupou uma posição de referência na vida intelectual de Florença e exerceu bastante influência no processo de formação do jovem Dante, era um admirador entusiástico dos clássicos. Traduziu Ovídio e Boécio e fez uma edição italiana da Ética aristotélica. Ou seja, também por meio dele Dante foi levado aos modelos clássicos.

O fato de que em inúmeros escritos sobre a polêmica publicística da época se encontram muitos argumentos e apontamentos similares aos que aparecem em *De Monarchia*, de Dante, já foi aqui aventado com várias passagens correspondentes. Considerando-a em seu conjunto, a relação de Dante com a publicística francesa pode ser retratada aproximadamente no seguinte quadro: tomemos, primeiramente, os dois

---

[275] Nota 1 no original: Cf. *supra*, cap. 5.

CAPÍTULO X – AS FONTES DA TEORIA DO ESTADO DE DANTE...

escritos anônimos: *Quaestio de potestate papae* e *Quaestio in utramque partem*; desconsiderando a tendência geral a favor da independência do Estado em relação à Igreja, com a qual ambas estão em consonância com a Teoria do Estado de Dante, é possível identificar na primeira, de maneira semelhante à que se verifica em Dante, uma polêmica sobre a falsa interpretação da Bíblia e, em função disso, uma refutação da equiparação entre a teoria dos dois luminares e do poder estatal e universal. Também a precedência histórica do Estado perante a Igreja é aqui defendida. A *Quaestio in utramque partem* deriva, como o faz Dante, o poder do Estado diretamente de Deus e declara como nula a doação de Constantino. Em relação a *De quaestio potestate regia et papali*, tratado de João de Paris, os muitos pontos de convergência com as teorias Dante são perceptíveis. Neste caso, também, o que remete a *De Monarchia* de Dante é principalmente a orientação antieclesiástica e defensora da autonomia do Estado. Mais similitudes podem ser apontadas quando se vai para os detalhes: a relação da Igreja com os bens temporais é tida, como em Dante, como de direito privado. A frase do Salvador "Meu reino não é deste mundo" é interpretada aqui, como em muitas outras obras, em termos análogos aos de Dante. Assim como o florentino, João sublinha a prioridade do poder temporal em relação ao espiritual e a alegoria das duas espadas tem o mesmo enfoque daquele em *De Monarchia*. Com isso, advém também o rechaço à teoria eclesiástica dos dois luminares e a consequente afirmação de que o poder temporal procede de Deus igual ao espiritual. A juridicidade da doação de Constantino se rebate com argumentos jurídicos. Por fim, emergem tanto em João de Paris como em Dante pegadas claras sobre a teoria da soberania popular. Todos esses pontos de contato, apesar da aberta oposição de João frente à teoria de Dante no tocante à questão central da monarquia universal, nos levam a supor uma influência recíproca entre ambos os autores,[276] ainda que a deficiência e a incerteza sobre os dados históricos disponíveis para a resolução dessa questão não nos passem a segurança necessária. Voltemo-nos para *Disputatio inter militem*

---

[276] Nota 1 no original: CIPOLLA, Carlo. "Il trattato 'De Monarchia' di Dante Alighieri e l'opuscolo 'De potestate regia et papali' di Giovanni da Parigi". *In*: *Memorie della Accademia delle Scienze di Torino*. n. 2, t. 42, Torino: Clausen, 1892.

et clericum e seu suposto autor, Pedro Dubois. O que é comum a todas as publicações da literatura polemista francesa, a saber, a polêmica contra a usurpação do poder papal e a defesa da liberdade do Estado, é uma característica marcante que denota alguma semelhança com a teoria do Estado de Dante. Em *Disputatio* se encontram alguns argumentos também similares, como, por exemplo, a frase: "Meu reino não é deste mundo". Quanto à questão da propriedade eclesiástica e à doação de Constantino, Pedro Dubois apresenta opiniões inteiramente próximas às de Dante. Já vimos aqui como o francês, com seus planos políticos de reforma, flerta com o ideal de Estado do poeta florentino. Não é possível constatar se um dependia do outro ou, em seu caso, até que ponto dependia, mas que Dante conhecia a literatura polemista francesa é um fato extremamente provável. A estadia do poeta em Paris, afirmada por muitos biógrafos, caminharia também nessa linha, mas nem sua estadia nem seu conhecimento da literatura polemista francesa podem ser dados como certos. Em todo caso, é bem suspeito que Dante não menciona, nem sequer em *De Monarchia*, o argumento da prescrição utilizado pelos publicistas franceses em prol da independência da França perante o *Imperium*.[277] De qualquer forma, o fato de quase todos os argumentos dos franceses serem também verificáveis em Dante parece ser um forte indício para se resolver a questão.

No livro de Jordano de Osnabrück sobre o Império Romano também há algum parentesco com as ideias fundamentais da teoria do Estado de Dante. Na mesma linha que o poeta, Jordano defende a dignidade e a relevância do *Imperium*. Ele o faz, no entanto, de uma maneira erudita, árida e sem muitos adornos, bem distinta do estilo incandescente e temperamental do poeta italiano. Como Dante, o clérigo de Osnabrück também sustenta a origem divina do principado temporal e, de maneira surpreendentemente semelhante a Dante, compreende que o nascimento, vida e morte do Salvador sob o governo dos césares é prova do reconhecimento divino e do destino providencial do Império Romano. No tocante à questão da monarquia universal, Engelberto de Admont é, dentre os autores contemporâneos, o que tem mais pontos

---

[277] Cf. *supra.*, cap. 9.

de convergência com Dante. Em primeiro lugar, a reivindicação de um governo universal geral, pelo qual o abade de Admont não advoga com o mesmo entusiasmo que o criativo poeta, mas se vale de argumentos semelhantes. O *principium unitatis*, a analogia com o governo divino unipessoal e o nascimento de Cristo nos tempos de Augusto desempenham em ambos os autores o mesmo papel. Já mostramos aqui até que ponto a concepção de Engelberto de monarquia universal, mais limitada e mais sóbria, se diferencia daquela de Dante. Como no florentino, também em Engelberto é possível encontrar, em muitas passagens, um vigoroso enaltecimento da paz, de claro traço agostiniano. Por fim, há que se ressaltar que a teoria da dupla felicidade, tão característica de Dante, emerge também em Engelberto de forma bem semelhante. A hipótese, apoiada nesse ponto precisamente, de uma influência recíproca de ambos os publicistas pode ser comprovada com facilidade, apontando suas fontes comuns: Tomás de Aquino, para Dante, e também, Santo Agostinho, para Engelberto.

Como já foi dito, a incerteza sobre as datas de publicação desses tratados e, mais especificamente da obra de Dante, dificulta a determinação das relações entre si e diante do *De Monarchia* de todos os livros citados, que convergem em muitos aspectos. Isso não é, contudo, um ponto de maior relevância, pois as ideias e argumentos que constituem o conteúdo desses escritos são frutos de uma corrente intelectual que desde o final da Idade se fez muito poderosa: a oposição contra a Igreja. Todas essas percepções ficaram muito tempo pairando no ar; seus prós e contras eram objeto de ponderação a cada passo e o fato de terem um liame comum levaram as distintas publicações, seguindo uma tendência, a certa coincidência de argumentos. Da similitude entre os escritos não há que se deduzir nenhuma dependência recíproca. Aliás, a postulação de uma monarquia universal, em franca contradição com o contexto político exterior, em dois autores de distintas nacionalidades como Dante e Engelberto não pressupõe necessariamente que um tenha contato com a obra do outro – ainda que não se tenha dados que indiquem o contrário, como no caso dos dois supracitados. O mesmo vale para a resposta à questão sobre a relação da monarquia de Dante com a bula de Bonifácio VIII, promulgada em 1302, *Unam sanctam*. É sintomático que, em sua polêmica contra a teoria curialista, Dante nunca tenha se referido a um oponente determinado. Cabe supor que ele se dirige, então, contra o principal documento dos curialistas, a mencionada bula. Pelo outro lado, é possível constatar que ele somente contrapõe expressamente dois argumentos presentes nela, especificamente a teoria das duas espadas e o argumento do poder das chaves de Pedro, bem como o da *vestis inconsulitis*, que utiliza em um sentido diferente ao dado pela bula. Witte conclui disso que *De Monarchia* deve ter sido escrita antes da bula *Unam sanctam*. Acontece que – como corretamente assinalado por Friedberg – Dante não precisaria de uma bula para escrever sua obra, uma vez que as pretensões eclesiásticas contra as quais ele se dirige eram defendidas em várias obras, como, por exemplo, as de Egídio Romano, em termos muitos parecidos aos da bula *Unam sanctam*, que, além disso, voltava sua artilharia menos contra o Imperador defendido por Dante e mais contra o rei francês. As relações da vida de Dante, suas intenções e aspirações pessoais, dados e informações que permitiriam resolver essas questões e outras decorrentes, estão envoltas de uma névoa espessa de incerteza que impede que todas as respostas sejam devidamente oferecidas.

A influência que a Teoria do Estado de Dante exerceu nas gerações seguintes é relativamente modesta.

A Cúria que, como já se sabe, ordenou a queima do livro *De Monarchia* de Dante, tentou colocar em seu lugar um antípoda. Tratava-se da obra escrita em torno de 1330 pelo frei Guido Vernani, de Rimini, *De reprobatione Monarchiae compositae a Dante*. Nas exaltadas teorias de Agostinho Triunfo também podem ser verificadas tendências que poderiam ser dirigidas contra Dante. Em termos positivos, Dante influenciou muito levemente a publicística posterior a ele. É muito provável que nas lutas político-eclesiásticas entre Luís da Baviera e João XXII o partido imperial tenha feito uso do *De Monarchia,* levando em conta o traço marcadamente pró-imperial da obra. Entretanto, a Teoria Geral do Estado que está na base do *De Monarchia* encontrou pouca aceitação. Marsílio de Pádua,[278] que escreveu um pouco depois de Dante, combate

---

[278] Nota 1 no original: Cf. SCHREIBER, *Die politischen und religiösen Doktrinen zur Zeit Ludwigs desm Bayern*. 1858.

CAPÍTULO X – AS FONTES DA TEORIA DO ESTADO DE DANTE...

com a maior determinação a ideia de uma monarquia universal, sendo que na maior parte de sua Teoria do Estado, ele não é influenciado pela de Dante. A ideia de soberania popular defendida por Marsílio, e que apresenta vários de seus indícios em nosso poeta, é o único liame que pode levar às ideias de Dante. Particularmente neste ponto a teoria do florentino não é bastante elaborada e coerente suficientemente para produzir uma influência autônoma.[279] A postura de Ockham em relação ao problema da monarquia universal não é inteiramente clara; como se sabe, ele aponta razões conhecidas favoráveis e contrárias, sem, todavia, tomar partido. Muitas evidências indicam que ele estava mais contra que a favor. Também em seu caso não se exclui por completo que ele possa ter tido contato com Dante.[280] É possível encontrar também traços das ideias de Dante em Petrarca, Cola di Rienzo e Enéas Sílvio [Papa Pio II], sem que se possa falar, contudo, de uma influência profunda. São, principalmente, as tendências políticas da obra de Dante que, mais uma vez, suscitam essa correlação. As citações frequentes de Monarchia feitas pelos juristas italianos demonstram que eles a conheceram. Assim, Bartolo de Sassoferrato, Giovanni Calderino e Alberico de Rosciate, mencionam o tratado político de Dante, ora em termos amistosos, ora com intenção de polemizar.[281] Na Alemanha, *De Monarchia* foi conhecida muito mais tarde do que na Itália. Ainda assim, Leopoldo de Bamberg e Pedro de Andlau não dão mostras de conhecer a obra. O primeiro que cita Dante é Gregório de Heimburg, sendo que Nicolau de Cusa parece ter tido notícia do poeta. Dante só foi conhecido nos círculos mais amplos da Alemanha a partir do século XVI. Em todos os casos em que Dante

---

[279] Nota 2 no original: Pelo contrário, KRAUS, Franz Xaver. *Dante, sein Leben, sein Werk, sein Verhältnis zur Kunst und zur Politik*. Berlin: Grote, 1897, p. 760, se equivoca quando sustenta que há uma contradição entre Dante e Marsílio em relação à soberania popular.

[280] Nota 1 no original: Ao expor o problema da monarquia universal em *Dialogus*, Ockham afirma estar tratando de uma matéria que até o momento não havia sido objeto de estudo. Cf. RIEZLER. Sigmund. *Die literarischen Widersacher der Päpste zur Zeit Ludwig des Baiers:* ein Beitrag zur Geschichte der Kämpfe zwischen Staat und Kirche. Leipzig: Duncker & Humblot, 1874.

[281] Nota 2 no original: Cf. KRAUS, F. X. *Dante, sein Leben, sein Werk, sein Verhältnis zur Kunst und zur Politik*, 1897, p. 747 e seguintes.

é mencionado pelos publicistas, é somente o imortal poeta da *Divina Comédia* que mantém viva a lembrança do autor de *De Monarchia*.[282] É possível que se possa encontrar também certa reverberação das ideias de Dante nas resoluções da Declaração de Rhens, inclusive na bula de ouro de Carlos IV. Mesmo assim, todas essas suposições não residem sobre bases definitivamente confiáveis; e ainda que elas pudessem ser confirmadas, o resultado continuaria sendo muito modesto.

Não restam dúvidas de que o poeta da *Divina Comédia* eclipsa o Dante filósofo do Estado, mas não se pode esquecer que sua fantasia poética e sua força criadora não estavam restritas aos rigorosos limites em que a Idade Média cristã mantinha enclausurados o espírito científico e a pesquisa teórica.

Ainda assim, é certo que o Dante filósofo do Estado ocupa um lugar relevante entre os publicistas de seu tempo. Já antes fizemos justiça ao mérito científico contido em um escrito específico dedicado ao tratamento do evasivo conceito de monarquia universal. Que a Teoria do Estado de Dante, tanto por sua forma cientificamente precisa, quanto por penetrar profundamente na essência do objeto, se coloca a léguas de distância das publicações teórico-estatais de fins do século XIII, será evidente para quem conheça minimamente o método pretérito, absolutamente formalista e superficial dos publicistas da época de Dante. O fato de que o poeta havia se valido em suas demonstrações de muitos argumentos comuns ao período, presentes em suas ideias quase que literalmente e com o mesmo sentido dado por vários outros publicistas de seu tempo, não pode atenuar sua importância e originalidade. No século XIII, era obrigatório valer-se da utilidade da escolástica para poder ser compreendido por seus contemporâneos. Mostramos as ideias novas e à frente de seu tempo que estavam em sua Teoria e vimos com que força Dante lutou contra os dogmas e preconceitos de sua época e como estava empenhado em superar a Idade Média e em contrapor

---

[282] Nota 3 no original: Sobre os detalhes literários-históricos, cf. GRAUERT, Hermann. *Dante in Deutschland*, Hist. Pol. Bl., 1897, 2.102; e SULGER-GEBING. *Dante in der deutschen Literatur*, Zeitschr. F. Vergl. Literaturgesch., VIII, IX.

CAPÍTULO X – AS FONTES DA TEORIA DO ESTADO DE DANTE...

a ela as novas ideias. Como ele não venceu por completo essa luta, sua Teoria do Estado teve escassa influência na posteridade: antiquada em seus fundamentos, somente é a última expressão de uma ideia infrutífera e inviável: o Império universal! Os elementos modernos que estão nela contidos, por vezes são formulados de maneira pouco clara e precisa e em outras ocasiões se proclama demasiadamente cru para constituir um ponto de partida firme para um novo desenvolvimento.

No campo da Teoria do Estado de Dante é somente na aurora do Renascimento que se pode madurar novos expoentes à altura de sua melodia, como Maquiavel e Bodin.

REFERÊNCIAS BIBLIOGRÁFICAS

ABEGG, Heinrich. "Die Idee der Gerechtigkeit und die strafrechtlichen Grundsätze in Dantes göttlicher Komödie". In: *Jahrbucher Deutschen Dante-Gesellschaft*, vol. 1, Leipzig: Brockhaus, 1867.

BAUMANN, Julius. *Die Staatslehre des heiligen Thomas von Aquino*. Leipzig: Hirzel, 1873.

BÖHMER, Eduard. *Über Dantes Monarchie*. 1860.

BRYCE, James. *Das heilige römische Reich*. Leipzig: Kummer, 1873.

BURCKHARDT, Jacob. *Die Cultur der Renaissance in Italien: ein Versuch*. vol. 1, 7ª ed. Leipzig: Seemann, 1899.

CAPPONI, Gino. *Geschichte der florentinischen Republik*. 1876.

CARLYLE, Thomas. *On heroes and heroworship*. United Kingdom: Chapman & Hall, 1889.

CHAMBERLAIN. Houston Stewart, *Grundlagen des 19. Jahrhunderts*. München: Bruckmann, 1903.

CIPOLLA, Carlo. "Il trattato 'De Monarchia' di Dante Alighieri e l'opuscolo 'De potestate regia et papali' di Giovanni da Parigi". In: *Memorie della Accademia delle Scienze di Torino*. n. 2, t. 42, Torino: Clausen, 1892.

DAVIDSOHN, Robert. *Geschichte von Florenz*. Berlin: Mittler, 1896.

DAVIDSOHN, Robert. *Forschungen zur Geschichte von Florenz*. vol. 3, Berlin: Mittler, 1901

DERICHSWEILER. *Das politische System Dantes* (Original unzugänglich). 1874.

DÖLLINGER, Johann Joseph Ignaz Von. *Die Papstfabeln des Mittelalters:* ein Beitrag zur Kirchengeschicht. 1863.

DORNER, August Johannes *Augustinus:* sein theologisches System und seine religionsphilosophische Anschauung. 1873.

D'OVIDIO. *La proprietà ecclesiastica secondo Dante in Atti della R. Accademia di scienze morali e politiche di Napoli*. vol. 29, 1897.

EICKEN, Heinrich von. *Gesch. und System der mittelalter Weltanschauung*. 1887.

ERDMANN. *Scholastik, Mystik und Dante. In*: Jahrb. der deutschen Dante-Gesellschaft. 3.

ERDMANN. *Grundriss der Geschichte der Philosophie*. 1896.

FEDERN, Karl. *Dante*. Wien: E. A. Seemann, 1899.

FÖRSTER, Franz. "Die Staatslehre des Mittelalters". *In: allgemeine Monatsschrift für Literatur und Wissenschaft*. Halle: Schwetschke, 1853.

FRIEDBERG, Emil. *Die mittelalterlichen Lehren über das Verhältnis zwischen Staat und Kirche*. Leipzig: [S. I.], 1874.

FUCHS, Gregor. "Engelbert von Admont". *In: Mitteilungen des historischen Vereines für Steiermark*, vol. 11, pp. 90-130, Gratz: Verein 1862.

GENNRICH, Paul. *Die Staats- und Kirchenlehre des Joh. von Salisbury*. 1894.

GIERKE, Otto Von. *Das deutsche Genossenschaftsrecht*. 3ª ed. Berlin: Weidmann, 1881.

GOLDAST, Melchio. *Monarchia sancti Romani Imperii*. 1612.

GRAUERT, Hermann. *Zur Danteforschung. In*: Histor. Jahrbuch der Görres--Gesellschaft, 16. Band.

GRAUERT, Hermann von. *Dante und Houston Stuart Chamberlain*. 2ª ed. Friburgo: Herder, 1904.

GRAUERT, Hermann. *Dante, Bruder Hilarius und das Sehnen nach Frieden*. Köln: Bachem, 1899.

GRAUERT, Hermann. *Dante in Deutschland*. 1897.

GREGOROVIUS, Ferdinand. *Geschichte der Stadt Rom im Mittelalter*. VI. 1893.

GUMPLOWICZ, Ludwig. *Geschichte der Staatstheorien*. 1905.

HARTWIG, Otto. "Ein Menschenalter florentinische Geschichte (1250-1292)". *In: Deutsche Zeitschrift für Geschichtswissenschaft*. I, II, V, Friburgo, Mohr, 1889-1890.

HARTWIG, Otto. "Florenz und Dante". *In: Deutsche Rundschau*. LXXIII, Berlin: Gebrüder Paetel, 1892.

HETTINGER, Franz. *Die göttliche Komödie des Dante Alighieri*. Friburgo: Herder, 1880.

HÖFLER, Karl Adolf Konstantin von. *Kaiserthum und Papsthum: ein Beitrag zur Philosophie der Geschichte*. Prag: Tempsky, 1862.

HUBATSCH, O. *Dante Alighieri: über die Monarchie, übersetzt, mit einer Einleitung versehen*. Berlin: Heimann, 1872.

REFERÊNCIAS BIBLIOGRÁFICAS

KRAUS, Franz Xaver. *Dante, sein Leben, sein Werk, sein Verhältnis zur Kunst und zur Politik*. Berlin: Grote, 1897.

KRAUS, Franz Xaver. "Agidius von Rom". *In: Oesterreichische Vierteljahresschrift für Katholische Theologie*. Wien: Braumüller, 1862

LEVI, G. *Bonifazio VIII. e le sue relazioni col commune di Firenze*. 1882.

LORENZ, Ottokar. *Deutsche Geschichtsquellen im Mittelalter:* seit der Mitte des 13. Jahrhunderts. vol. 2, Berlin: Hertz, 1887.

LUNGO, Isidoro del. *Compagni e la sua Cronica*. Florença: Le Monnier, 1879-1880.

LUNGO, Isidoro del. *Dante ne' tempi di Dante:* ritratti e studi. Bologna: N. Zanichelli, 1888.

MAASS, August. *Dantes Monarchia*. Hamburg: Conrad, 1891.

MIRBT, Carl. *Die Publizistik im Zeitalter Gregors VII*. Leipzig: Hinrichs, 1894.

OZANAM, Antoine Frédéric. *Dante et la philosophie catholique au treizième siècle*. Paris, 1834.

PROMPT, Pierre-Inès. *Les oeuvres latines apocryphes Du Dante*. Veneza: Olschki 1892.

REHM, Hermann. *Geschichte der Staatsrechtswissenschaft*. Leipzig: Mohr, 1896.

REUTER, Hermann. *Augustinische Studien*. Gotha: Perthes, 1887.

RIEZLER. Sigmund. *Die literarischen Widersacher der Päpste zur Zeit Ludwig des Baiers:* ein Beitrag zur Geschichte der Kämpfe zwischen Staat und Kirche. Leipzig: Duncker & Humblot, 1874.

SAVIGNY, Friedrich Carl von. "Die lombardischen Städte". *In: Geschichte des römischen Rechtes im Mittelalte*. vol. 3, Heidelberg: Mohr und Winter, 1822, pp. 90-120.

SCADUTTO, Francesco. *Stato e chiesa negli scritti politici dal 1122 al 1347*. 1882.

SCARTAZZINI, Giovanni Andrea. *Dante Alighieri, seine Zeit, sein Leben und sein Werke*. Biel: Steinheil, 1869 .

SCARTAZZINI, Giovanni Andrea. *Dante Handbuch*. Leipzig: Brockhaus, 1892.

SCHEFFER-BOICHORST, Paul. *Aus Dantes Verbannung:* Literarhistorische Studien. Strassburg: Trübner, 1882.

SCHELLING, Friedrich Wilhelm Joseph von. *Dante in philosophischer Beziehung*. *In*: sämtl. Werke, I. Abt., V Bd. 1859.

SCHIRMER, Wilhelm Cajetan. *Dante Alighieri's Stellung zu Kirche und Staat, Kaisertum und Papsttum:* eine Studie. Düsseldorf : Schrobsdorff'sche Buchhandlung, 1891.

SCHOLZ, Richard. "Die Publizistik zur Zeit Philipps des Schönen und Bonifazius VIII". *In: Kirchenrechtliche Abhandlungen.* Stuttgart: Enke, 1903.

SCHREIBER. *Die politischen und religiösen Doktrinen unter Ludwig dem Bayer.* 1858.

SIRAGUSA, Giovanni Battista. *L'ingegno, il sapere e l'intendimenti di Roberto d'Angio, con nuovi documenti.* 1891.

SIRAGUSA, Giovanni Battista. "La proprietà ecclesiastica secondo Dante". *In: Giornale Dantesco.* VII. 1899.

STAHL, Friedrich Julius. *Geschichte der Rechtsphilosophie.* 2^a ed. Heidelberg: Mohr, 1847.

STEDEFELD. "Über Dantes Auffassung von Staat, Christentum und Kirche". *In: Jahrbuch der Deutsch. Dante-Gesellschaft*, vol. 3, pp. 179-221.

TOYNBEE, Paget. "The source of a hitherto unidentified quotation in the 'De Monarchia' of Dante". *In: The Athenäum*, n. 3674, 1896.

WAITZ, George. "Des Jordanus von Osnabrück Buch über das römische Reich". *In: Abhandlung der Königl. Gesellschaft der Wissenschaften zu Göttingen*, n. 14, 1868/1869.

WALTER, Ferdinand. *Naturretch und Politik.* Bonn: Marcus, 1863.

WEGELE, Franz Xaver von. *Dante Alighieri's Leben und Werke.* 3^a ed. Jena: Fischer und Mauke, 1879.

WEGELE, Franz Xaver von. "War der Dichter der göttlichen Komödie der Verfasser der Schrift De Monarchia?". *In: Deutsche Zeitschrift für Geschichtswissenschaft*, vol. 6.

WITTE, Karl. *Dante-Forschungen.* Heilbronn: Henninger, 1869.

WITTE, Karl. "Prolegomena". *In:* ALIGHIERI, Dante. *De Monarchia.* ed. de Karl Witte, Vindobona: [S. I.], 1874.

WITTE, Karl. "Dante's Weltgebäude". *In: Jahrbuch er Deutschen Dante-Gesellschaft*, vol. 1, pp. 73-93, Leipzig: Brockhaus, 1867.

WITTE, Karl. "Dante's Sündensystem". *In: Jahrbuch er Deutschen Dante-Gesellschaft*, vol. 4, pp. 373-403, Leipzig: Brockhaus, 1867.

NOTAS

NOTAS

NOTAS

NOTAS

NOTAS

A Editora Contracorrente se preocupa com todos os detalhes de suas obras! Aos curiosos, informamos que este livro foi impresso no mês de outubro de 2021, em papel Pólen Soft 80g, pela Gráfica Grafilar.